AF485519

Martin Corless-Smith
BITTER GREEN | VERDE AMARGO,
Traducción de Patricio Ferrari y Graciela S. Guglielmone
Buenos Aires Poetry, 2022
250p. ; 15,24 x 22,86 cm
ISBN 978-987-8470-46-7
Poesía Británica

Traducción de Patricio Ferrari & Graciela S. Guglielmone
Primera edición Bilingüe,
Editorial Buenos Aires Poetry 2022
Director, Juan Arabia
Diseño editorial, Camila Evia

Imagen de portada, "Rye Harbour",
Martin Corless-Smith, óleo sobre telas, 2020
Colección del artista

Cover image, "Rye Harbour,"
Martin Corless-Smith, oil on canvas, 2020
Artist's collection

Primera edición en inglés,
Albany [NY], Fence Books, 2015
ISBN 978-1-934200-98-8

**BUENOS
AIRES
POETRY**

BUENOS AIRES POETRY

editorial@buenosairespoetry.com

www.editorialbuenosairespoetry.com

BUENOS
AIRES
POETRY

Martin Corless-Smith

BITTER GREEN   VERDE AMARGO

TRANSLATED BY
PATRICIO FERRARI &
GRACIELA S. GUGLIELMONE

PREFACE BY
COLE SWENSEN

Afterword by Patricio Ferrari

TRADUCCIÓN DE
PATRICIO FERRARI y
GRACIELA S. GUGLIELMONE

PRÓLOGO DE
COLE SWENSEN

Epílogo de Patricio Ferrari

Martin Corless-Smith

BITTER GREEN

Translated from the English by Patricio Ferrari
& Graciela S. Guglielmone

Preface by Cole Swensen

Afterword by Patricio Ferrari

Bilingual Edition

Martin Corless-Smith

VERDE AMARGO

Traducido del inglés por Patricio Ferrari
y Graciela S. Guglielmone

Prólogo de Cole Swensen

Epílogo de Patricio Ferrari

Edición Bilingüe

Art in the Shape of One Wrong Word

Wittgenstein's assertion in the *Tractatus* that "what can be said at all can be said clearly, and what we cannot talk about we must pass over in silence"[1] perhaps gives in too quickly. Might there not be ways to shift some of that "what we cannot talk about" into forms of "what can be said"? And perhaps precisely by indulging in a bit of unclarity? That's what this book seems to be doing, and as such, it offers the perfect case study for exploring something that I feel is crucial to contemporary poetry—the relationship of nonsense to beauty in language, particularly written language, with beauty provisionally described as strong and positive sensual, emotional, intellectual, or imaginative impressions, either alone or in some combination. I've long thought that the unsayable must somehow also be involved in this relationship. Which raises the question of the relationship between nonsense and the unsayable. Is nonsense a valiant attempt to articulate the unsayable? Or is it a kind of sleight of hand that allows us to catch a glimpse of it? *Bitter Green* is full of perfect examples of beautiful nonsense, such as the four lines that open one page: "A gannet thru the oil cannot / and a linnet sans a song / the winter is of every count / the water without ground." It's the tight weave of sound, including off-rhymes and regular rhythms, that makes the passage hold together despite its refusal to make sense in usual terms. Elsewhere, there's a different kind of nonsense at work, for instance, in this stanza: "The Bellini takes my/ breath away / I see my son / and think I cannot love / this

---

1 "Was sich überhaupt sagen lässt, lässt sich klar sagen; und wovon man nicht reden kann, darüber muss man Schweigen." In Ludwig Wittgenstein, *Tractatus Logico-Philosphicus*. With an Introduction by Bertrand Russell. London, Kegan Paul, Trench, Trubner & co.; New York, Harcourt, Brace & Company, 1922, p. 91.

El arte bajo la forma de una palabra equivocada

La afirmación de Wittgenstein en el *Tractatus* de que "lo que se puede decir de alguna manera puede ser dicho con claridad; y de lo que no podemos hablar, debemos dejárselo al silencio"[1] quizás ceda demasiado rápido. ¿No habrá maneras de transformar algo de "lo que no podemos hablar" en algo "que se puede decir"? ¿Y tal vez, precisamente, dejándonos llevar por la falta de claridad? Eso es lo que parece hacer este libro, y como tal, ofrece el caso de estudio perfecto para explorar algo que me parece crucial para la poesía contemporánea: la relación del sinsentido con la belleza del lenguaje, con la belleza descrita provisionalmente como impresiones sensoriales, emocionales, intelectuales o imaginativas, fuertes y positivas, ya sea por sí sola o en alguna de estas combinaciones. Hace tiempo que pienso que lo indecible también debe participar de alguna manera en esta relación. Lo que plantea el tema de la relación entre el sinsentido y lo indecible. ¿Es el sinsentido un intento valiente de articular lo indecible? ¿O es una especie de juego de manos que nos permite vislumbrarlo? *Bitter Green* está lleno de ejemplos perfectos de bello sinsentido, como los cuatro versos que abren una de sus páginas: "Un alcatraz que atraviesa el óleo no puede / y un pardillo sin siquiera un canto / el invierno salda las cuentas todas / el agua sin cauce sobre la tierra". Es la tupida trama sonora, que incluye rimas fuera de lugar y ritmos regulares, lo que hace que el pasaje se mantenga unido a pesar de negarse a tener sentido en términos habituales. En otro texto, el sinsentido es diferente, como en esta estrofa: "El Bellini me deja / sin aliento / veo a mi hijo / y pienso que no puedo amar / este mundo —porque / se

---

1 "Was sich überhaupt sagen lässt, lässt sich klar sagen; und wovon man nicht reden kann, darüber muss man Schweigen." Ludwig Wittgenstein, *Tractatus Logico-Philosphicus.* Con una introducción por Bertrand Russell. Londres, Kegan Paul, Trench, Trubner & co.; Nueva York, Harcourt, Brace & Company, 1922, p. 91.

world—because / it fades irregularly." The phrases are all normative, but because their meanings are so strongly juxtaposed, rather than hold together, they repulse each other like magnets with like poles, and yet they're still magnetic. An example that falls somewhere between those two, "If I might make a start / Once more—a misheard shaft / of light—what could compare / Art in the shape of one wrong word," offers flickers of clarity while remaining, in the whole, beyond our grasp. Though once written and then read, it's much closer to our grasp—and comes closer and closer with each re-reading.

Nonsense is often understood as some version of silliness, but as these examples all attest, it can also be serious and do real work when it is actively dismantling sense and/or employing language that refuses pre-existing sense—and here a quick aside regarding the phrase "making sense," for we use that expression precisely *not* when we are *making* sense, but when we are using sense that's already been made, and may even already be stale. But when language is actually making sense, when it's in the process of creating new meaning, it, by necessity, uses language in unprecedented ways, and therefore its meaning is, at first, unrecognizable as such. We stand across from and recognize prefabricated, or pre-existing sense, but we must move along with sense in the making; we must jump onto it, as if onto an already-moving train. Such sense in the making is often called nonsense when it should be called "newsense," and one of its functions is to disrupt the surface of a text to create glitches and rifts in "what can be said," or, in other words, the sayable. The sayable lies in a thin film between us and all sensation, protecting us from the vertigo of glimpses into the unsayable, that infinite field of ... By definition, not only can it not be named, but it cannot be approached by language in any way, which gives it a special power. And that power is intimately linked with presence, with presentation.

desvanece irregularmente". Las frases son todas normativas, pero debido a que sus significados están tan fuertemente yuxtapuestos, en lugar de mantenerse juntos se repelen como imanes con polos similares y, sin embargo, siguen siendo magnéticos. Un ejemplo que se sitúa entre estos dos ("Si pudiera empezar / Una vez más —un rayo de luz / erróneamente oído —qué podría compararse / Al arte bajo la forma de una palabra equivocada") ofrece destellos de claridad mientras permanece, en su conjunto, fuera de nuestro alcance. Aunque una vez escrito y leído queda mucho más cerca de nuestro alcance, y se acerca cada vez más con cada relectura.

El sinsentido se entiende a menudo como una versión simplemente tonta, pero como atestiguan todos estos ejemplos también puede ser serio y hacer un trabajo real cuando está desmantelando activamente el sentido y/o empleando un lenguaje que rechaza el sentido preexistente; y aquí una aclaración rápida sobre la expresión "tener sentido", ya que usamos esa expresión precisamente *no* cuando estamos *haciendo* sentido, sino cuando estamos usando un sentido que ya se ha creado, y que incluso puede ser ya obsoleto. Pero cuando el lenguaje tiene realmente sentido, cuando está en proceso de crear un nuevo significado, necesariamente utiliza el lenguaje de forma inédita, y por lo tanto su significado es, al principio, irreconocible como tal. Nos situamos enfrente y reconocemos el sentido prefabricado, o preexistente, pero debemos movernos junto con el sentido en formación; debemos dar un salto y entrar en él, como si se tratara de un tren en movimiento. Este sentido en formación se llama a menudo sinsentido cuando debería llamarse "sentido nuevo", y una de sus funciones es perturbar la superficie de un texto para crear fisuras y grietas en "lo que se puede decir", o, en otras palabras, lo decible. Lo decible constituye una fina película entre nosotros y toda sensación, protegiéndonos del vértigo de los atisbos de lo indecible, ese campo infinito de… Por definición, no

Language always separates us from the immediate—it seems to have evolved from the need to enable the persistence (or the sensation of persistence) of things in their absence—in short, it offers a re-presentation—and thus it always puts us at a remove. But to refuse the "re" of representation is, in a way, to use language against itself, which is what nonsense does; it disrupts the smooth surface of language and its seamless representation of the world from which it has removed us, but it can also reverse that removal, even if only for a split-second, by instigating presence, which brings us up against experience with startling force.

Nonsense in poetry is often associated with modernism and postmodernism, and so combining it with meters and tones from earlier centuries, as Corless-Smith does, creates a juxtaposition and a tension that reinforces that shock of immediacy. To return to one of the excerpts given above—"A gannet [...]"—the meter has a regularity unusual today, but common to the ballads rediscovered by the Romantic poets, in which the beat is the dominant feature. It remains constant, falling at rhythmically equivalent intervals, while the number of syllables in each line may vary. The English Romantic poets often wrote in *ictic verse* (also known as *intermediate*, between *accentual* and *stress-syllabic* verse), generally with one or two off-beats, which is normal in English prose and speech,[2] and MC-S echoes that tradition here and elsewhere in the book. The rhythms lock into place with a feeling of inevitability and an echo of much earlier works. This rhythm is reinforced by strong off-rhymes threaded throughout, but it's not only sound relationships that take us back in time; it's also tone and setting, with common English birds and pastoral notes evoking an English countryside that was a recurrent subject of the poetry of previous eras, while the

---

2 With warm thanks for Patricio Ferrari for information on this rhythmic structure.

sólo no puede ser nombrado, sino que no puede ser abordado por el lenguaje de ninguna manera, lo que le otorga un poder especial.

Y ese poder está íntimamente ligado a la presencia, a la presentación. El lenguaje siempre nos separa de lo inmediato, parece haber evolucionado a partir de la necesidad de permitir la persistencia (o la sensación de persistencia) de las cosas en su ausencia, en definitiva, ofrece una re-presentación, y por ello siempre nos sitúa en un lugar alejado. Pero rechazar el "re" de la representación es, en cierto modo, utilizar el lenguaje contra sí mismo, que es lo que hace el sinsentido; perturba la superficie lisa del lenguaje y su representación sin fisuras del mundo del que nos ha alejado, pero también puede revertir ese alejamiento, aunque sólo sea por una fracción de segundo, instigando la presencia, que nos enfrenta a la experiencia con una fuerza sorprendente.

El sinsentido en poesía se asocia a menudo con el modernismo y el post-modernismo, por lo que combinarlo con metros y tonos de siglos anteriores, como hace Corless-Smith, crea una yuxtaposición y una tensión que refuerza ese choque de inmediatez. Volviendo a uno de los fragmentos citados anteriormente —"Un alcatraz […]"— el metro tiene una regularidad rítmica inusual hoy en día, pero común a las baladas redescubiertas por los poetas románticos, en las que las prominencias de las sílabas son la característica dominante del ritmo. Ésta se mantiene constante, cayendo a intervalos rítmicamente equivalentes, mientras que el número de sílabas en cada línea puede variar. Los poetas románticos ingleses escribían con frecuencia en *ictic verse* (también conocido como verso *intermedio*, entre el verso *acentual* y el verso *silábico-acentual*), generalmente con una o dos sílabas métricas sin prominencias rítmicas, lo que es normal en la prosa y el habla inglesas,[2] y MCS se hace eco de esa tradición aquí y en otras partes

---

2 Un cálido agradecimiento a Patricio Ferrari por la información sobre esta estructura rítmica.

tone has a poise that's also not entirely contemporary. The effect is literally uncanny—simultaneously familiar and almost eerily strange. We're faced with a context impossibly beyond us blended with a very contemporary nonsense composed of leaping, scrambling, and fragmentation of image, idea, and impression.

But nonsense is not itself exclusively modern or contemporary; it shows up in the poetry of many periods, including that of the 17th and 18th centuries, one of Corless-Smith's particular interests, though it's a nonsense differently achieved. It's often sense given the appearance of nonsense through convolutions of syntax supported by allusion, metaphor, and other forms of figurative language, through which the open and attentive reader can get intimations of a coherence holding it all together somewhere other than on the surface of the text. We might think of it (and some contemporary work, as well) as distributed meaning, borrowing the model of distributed cognition, and find the community of distribution in all the many textual, visual, affective, and associative elements that make up a text. Such works are often taught as riddles to unravel, and though they often can be unraveled and the normative sense teased out of them, doing so destroys the fragile and intentional play of mystery and comprehensibility and disperses the growing, imposing pressure of the emergent, but always elusive, distributed meaning, which is an invitation to the unsayable.

It is, of course, a very different age now, an age perhaps ever more at ease with Keats' negative capability, and because of that, poets can take greater leaps. Martin Corless-Smith takes more, and more acrobatic ones, than most. An example: "My mother is an antelope / *What can you mean?* / My mother's antelope escapes / *Through which closed gate?* / Her heart is free across the distant hill / And none who weep can

del libro. Los ritmos se articulan con una sensación de inevitabilidad y un eco de obras muy anteriores. Este ritmo se ve reforzado por las fuertes rimas fuera de lugar que se enhebran a lo largo del texto, pero no son sólo las relaciones sonoras las que nos transportan en el tiempo, sino también el tono y la ambientación, con pájaros comunes ingleses y notas pastoriles que evocan la campiña inglesa que era un tema recurrente de la poesía de épocas anteriores, mientras que el tono tiene un aplomo que tampoco es del todo contemporáneo. El efecto es literalmente asombroso, al mismo tiempo familiar y casi inquietantemente extraño. Nos enfrentamos con un contexto que va de manera imposible más allá de nosotros, mezclado con un sinsentido muy contemporáneo compuesto de saltos, revoltijos y fragmentación de imágenes, ideas e impresiones.

Pero el sinsentido no es en sí mismo exclusivamente moderno o contemporáneo; aparece en la poesía de muchas épocas, incluida la de los siglos XVII y XVIII, uno de los intereses particulares de Corless-Smith, aunque es un sinsentido conseguido de forma diferente. A menudo se le da la apariencia de sinsentido a través de circunvoluciones de sintaxis apoyadas en la alusión, la metáfora y otras formas de lenguaje figurado, a través de las cuales el lector abierto y atento puede obtener indicios de una coherencia que lo mantiene todo unido en algún lugar distinto de la superficie del texto. Podríamos considerarlo (y también en algunas obras contemporáneas) como un significado distribuido, tomando prestado el modelo de la cognición distribuida, y encontrar la comunidad de distribución en todos los numerosos elementos textuales, visuales, afectivos y asociativos que componen un texto. Este tipo de obras se enseñan frecuentemente como acertijos que hay que dislucidar, y aunque a menudo se pueden descifrar y sacarles el sentido normativo, al hacerlo se destruye el frágil e intencional juego del misterio y la comprensibilidad y se dispersa la creciente e imponente presión del emergente, pero siempre elusivo, significado distribuido, que es una invitación a lo indecible.

cause her any ill." It's a stunning and inventive elegy, and its oddities greatly contribute to its emotional impact. I wouldn't dream of trying to break it down to its basic units to examine the way that the organism works—it can't be done, and the attempt would be demoralizing and reductive. In fact, I tend these days to think that the best mode of criticism is not analysis, but a "point and say *wow*" approach, in which critic and reader put the text down between them and marvel at it in silence. But I do want to point to one thing—the notion of slippage, which is central to nonsense, and how effectively it's working here—there's a slip from voice to voice in the implied conversation and another, contrapuntal one between the roman characters and the italic, creating visual and tonal textures, and there's a slip between the mother's being an antelope and her having an antelope that signals the ambient instability of the piece—and of the entire book. These are just a few examples; there are other slippages throughout the piece, and each one tears at the surface of the text, creating rifts across which we leap. And as we do, we glance down and swoon. That which cannot be said—and could not previously be perceived or even intimated—is there, thriving and clear, and is now a part of our minds, where it slightly enlarges what we are now able to think and thus to say. In other words, it's a process that, in tiny increments, makes more and more of the unsayable, sayable.

Not surprisingly, MCS accentuates this slipping and leaping through his poetic form as well. In this book, he's not writing poems, but poetry. In one sense, the entire book is a consideration of what poetry is as opposed to what a poem is. It's a distinction not often foregrounded as such, which makes Corless-Smith's exploration of it particularly useful. Most immediately noticeable is the lack of beginnings and endings. Not even the pages that appear to have

Es, por supuesto, una época muy diferente ahora, una época quizás más a gusto con la capacidad negativa de Keats, y por eso, los poetas pueden dar mayores saltos. Martin Corless-Smith da más y más saltos acrobáticos que la mayoría. Un ejemplo: "Mi madre es un antílope / *¿Qué puedes querer decir?* / El antílope de mi madre se escapa / *¿A través de qué puerta cerrada?* / Por la colina lejana su corazón es libre / Y nadie que llore le causará desequilibrio". Es una elegía deslumbrante e inventiva, y sus rarezas contribuyen en gran medida a su impacto emocional. No se me ocurriría tratar de descomponerla en sus unidades básicas para examinar cómo funciona el organismo; no se puede hacer, y el intento sería desmoralizador y reduccionista. De hecho, hoy en día tiendo a pensar que el mejor modo de hacer crítica no es el análisis, sino el gesto de "señalar y decir *guau*", en el que el crítico y el lector dejan el texto entre ellos y se maravillan de él en silencio. Pero quiero señalar lo siguiente: la noción de deslizamiento, que es central en el sinsentido y hasta qué punto está funcionando efectivamente aquí —hay un deslizamiento de voz una voz a otra voz en la conversación implícita y otro, contrapuntístico, entre los caracteres romanos y la cursiva, que crea texturas visuales y tonales, y hay un deslizamiento entre el hecho de que la madre sea un antílope y que tenga un antílope que señala la inestabilidad ambiental del texto y de todo el libro. Éstos son sólo algunos ejemplos; hay otros deslizamientos a lo largo de la obra, y cada uno de ellos desgarra la superficie del texto, creando fisuras por las cuales saltamos. Y mientras lo hacemos, miramos hacia abajo y nos desmayamos. Lo que no puede decirse —y que antes no podía percibirse ni siquiera insinuarse— está ahí, floreciente y claro, y ahora forma parte de nuestras mentes, donde amplía ligeramente lo que ahora somos capaces de pensar y, por lo tanto, de decir. En otras palabras, es un proceso que, en pequeños incrementos, hace que lo indecible sea cada vez más decible.

titles are poems, as their "title" words and phrases don't operate as frames, as titles do, but instead as signs, such as those along roads that indicate spots to pull off for a particularly good view. Throughout the whole, we are always *in medias res*, which means that the work already has momentum—it's another instance of that already-moving train; you have to respond immediately and physically, and though that might seem metaphoric, I think it's more than that. I think that the body has a visceral response to the moving current of impression and association that engages the reader's kinetic sense along with all the others.

And though we may be always in the middle, simultaneously in motion and suspension, it's a position from which we get hints of what came before and what follows—but just hints, which are always generative, inviting and inciting us to create additional impressions and connections. And as these impressions come from us and not from the text itself, they add an extra dimension to it, creating a three-dimensionality, a space that the reader can enter, can be surrounded by, can live within.

The poetry-rather-than-poem distinction is reinforced in the English original edition by the lack of page numbers. Page numbers are anchors, and every formal decision in this text works toward unanchoring. Their lack increases fluidity, the sense that the apparent end of a page is not, in fact, an end of anything. The page is a material, and thus also visual, necessity and not a conceptual or formal construct. MCS is also a painter, and this is also enacted in his paintings. The rectangle is his format, but it is not a frame—and, for that matter, he never frames his works. Instead, the paintings overflow from one canvas to another in a fluidity of subject, style, and tone.

No es de extrañar que MCS acentúe este deslizamiento y este salto también a través de su forma poética. En este libro, no escribe poemas, sino poesía. En cierto sentido, todo el libro es una consideración de lo que es la poesía en contraposición con lo que es un poema. Se trata de una distinción que no suele destacarse como tal, lo que hace que la exploración de Corless-Smith sea particularmente útil. Lo que más llama la atención es la falta de comienzos y finales. Ni siquiera las páginas que parecen tener títulos son poemas, ya que sus palabras y frases "de título" no funcionan como marcos, como lo hacen los títulos, sino como señales, como las que se encuentran en las carreteras indicando los lugares en los que hay que detenerse para disfrutar de una vista especialmente buena. En todo el conjunto siempre estamos *in medias res*, lo que significa que la obra ya tiene impulso: es otro ejemplo de ese tren que ya se mueve; hay que responder inmediata y físicamente, y aunque pueda parecer metafórico, creo que es más que eso. Creo que el cuerpo tiene una respuesta visceral a la corriente en movimiento de la impresión y la asociación que involucra el sentido cinético del lector junto con todos los demás.

Y aunque siempre estemos en el medio, simultáneamente en movimiento y en suspensión, es una posición desde la que obtenemos indicios de lo que vino antes y de lo que sigue, pero sólo indicios, que siempre son generadores, que nos invitan e incitan a crear impresiones y conexiones adicionales. Y como estas impresiones provienen de nosotros y no del propio texto, le añaden una dimensión adicional, creando una tridimensionalidad, un espacio en el que el lector puede entrar, del cual puede rodearse, puede vivir.

La distinción entre poesía y poema se ve reforzada en el original de la edición en inglés por la ausencia de números de página. Los números de página son anclas, y todas las decisiones formales de este texto contribuyen a desanclarlas. Su ausencia aumenta la fluidez, la sensación de

And though this is a book that *does* more than it *says*, this doesn't mean that content isn't important; it's just that it's extremely delicate, like a highly detailed drawing done with a very fine, light pencil. Themes of loss and death infuse the whole, juxtaposed by surprising points of humor—"A soap cart foaming in the rain"; the faun "wanting to remain intact / despite his non-existence"; Theobold and his "constitution"—these are just a few examples of a particularly inventive, intelligent, and agile humor that warms the whole and heightens the pathos through contrast.

To return to the opening question about the relationships among nonsense, beauty, and the unsayable, Corless-Smith has here written a book-length and most beautiful answer to it by suggesting beauty as the process of creating "newsense" by bringing more and more of the unsayable into sayability through language that presents rather than represents. In short, perhaps beauty is simply presence—which is in no way simple—but it is the presence to which such work as this brings us.

—Cole Swensen
Paris, October 2022

que el final aparente de una página no es, de hecho, el final de nada. La página es una necesidad material, y por tanto también visual, y no una construcción conceptual o formal. MCS también es pintor, y esto también se refleja en sus cuadros. El rectángulo es su formato, pero no es un marco y, de hecho, nunca enmarca sus obras. En su lugar, los cuadros se desbordan de un lienzo a otro en una fluidez de tema, estilo y tono.

Y aunque se trata de un libro que *hace* más de lo que *dice*, esto no significa que el contenido no sea importante, sino que es extremadamente delicado, como un dibujo muy detallado hecho con un lápiz muy fino y ligero. Los temas de la pérdida y la muerte impregnan el conjunto, yuxtapuestos con sorprendentes puntos de humor: "Un carrito de jabones haciendo espuma bajo la lluvia"; el fauno "deseoso de permanecer intacto / A pesar de su inexistencia"; Theobold y su "constitución" —son sólo algunos ejemplos de un humor particularmente inventivo, inteligente y ágil, que otorga vida al conjunto y acentúa el patetismo mediante el contraste.

Para volver a la pregunta inicial sobre las relaciones entre el sinsentido, la belleza y lo indecible, Corless-Smith ha escrito aquí una respuesta larga y muy hermosa al sugerir que la belleza es el proceso de crear "nuevo sentido", al traer más y más de lo indecible a lo decible a través del lenguaje que presenta en lugar de representar. En resumen, tal vez la belleza sea simplemente presencia, lo que no es en absoluto sencillo, pero es la presencia a la que nos lleva un libro como éste.

—Cole Swensen
París, octubre de 2022

Traducido por Patricio Ferrari y Graciela S. Guglielmone

And so, again, withdrew
Himself upon some scene
An attic faith—A dream
Of having passed this way
Angel below—billowing day
I have no strength, no sense
No self—and so

—W.W.

Y así, otra vez, él se retiró
A alguna escena
Un credo ático—Un sueño
De haber pasado delante
Ángel abajo —día ondulante
No tengo fuerza, ni sentido
Ni mi propio yo —y así

—W.W.

BITTER GREEN

VERDE AMARGO

…pulvis et umbra sumus.

—Horace, Ode IV.7

…polvo y sombra somos.

—Horacio, Oda IV.7

ouvrir ouvrir the nightingale
how has it come to this?
love is a severed foot
cattled in the guts
a trifle flipped
love is a tree of apricots
all rotted
I can see
it breathe I think
how has it come to this?
the fruit my bliss disdained
a trifle shattered in the breeze

ouvrir ouvrir el ruiseñor
¿cómo se ha llegado a esto?
el amor es un pie cercenado
faenado hasta las tripas
una nada lanzada al aire
el amor es un árbol de damascos
todo podrido
puedo ver
que respira creo
¿cómo se ha llegado a esto?
el fruto por mi dicha desdeñado
una nada deshecha en la brisa

The thistle looking over fields
do not forget the instant of its pink foulard
late in the afternoon when
a single look from her
lifted the torment for a while

When vice may move
before all reckoning my sense
(these are the phantoms
with obscene nick-names)
that outside life is made
profane—and I have written
my own curse for other mouths and mine.

El cardo mirando por encima de los campos
que el momento de su fular rosado no pase al olvido
al final de la tarde cuando
una simple mirada suya
disipó el tormento por un instante

Cuando el vicio pueda apartar
previo a todo cálculo mi sentido
(son estos los fantasmas
con sobrenombres obscenos)
que a la vida exterior hace
profana —y yo he escrito
mi propia maldición para otras bocas y la mía.

<u>Presents</u>

a mild and moony interlude

Happy when alone and not myself

My knowledge of the world is from the world

The reality of the present consists of the absence of
a qualifying prefix

The pastness of an event is not the same thing as
the event itself

Lying dead in the kitchen—out of place

Is your hope in retreat—falling to shadows

The last is the song of an exile

When I first lost hold of the thought for a while I
still imagined that I might regain it at any instant

What happens to the light inside you

When you love, perhaps an equilibrium of
exchange

Presentes

un leve interludio lunar

Feliz en soledad, ausente de mí

Mi conocimiento del mundo nace del mundo

La realidad del presente consiste en la ausencia de
un prefijo calificativo

El pretérito de un acontecimiento no es lo mismo que
el acontecimiento en sí

Yacía muerto en la cocina —fuera de lugar

Se encuentra tu esperanza en retirada —cayendo en las sombras

La última es la canción de un exiliado

Al perder las amarras del pensamiento aún me fue
posible imaginar que en cualquier instante volvería a mí

Lo que le sucede a la luz dentro de ti

Cuando amas, quizás un equilibrio de
intercambio

When you are not around I forget what I might
mean to you

You might notice a detail like the trouser leg pulled
away from a shin

Cuando no estás cerca me olvido de lo que puedo
significar para ti

Puede que repares en un detalle como la pernera del pantalón
apartada de la espinilla

Perhaps the book will be understood

That which is other of course remains always other

Unknown. Bring your hands together in prayer or
applause

Snowing at night—deep green

Ice cold feet of a statue

Human-skinned flowers, carnations, white poppies

The boat, the book, the milky eyeless ocean

A decaying whale blossoms into rainbows

Fish in great society ignorant of land

The mouth on both sides of the body sack

If you were to focus on Nativity, Mortality, Change

I shall never have done seeing myself in the past

Orpheus in the forest. Anon among the dolphins

Happily together in an untidy little sitting room
called Confusion Hall

Tal vez el libro será comprendido

Lo que es ajeno permanecerá por siempre ajeno

Desconocido. Junta tus manos en forma de plegaria o
aplauso

Nieve nocturna —verde intenso

Los pies helados de una estatua

Flores de piel humana, claveles, amapolas blancas

La barca, el libro, la ceguera láctea del océano

Una ballena en descomposición florece en arcos de lluvia

Pez en gran sociedad ignorante de la tierra

La boca en ambos lados del saco corpóreo

Si te concentraras en la Natividad, la Mortalidad, el Cambio

Condenado a no dejar de verme en el pasado

Orfeo en el bosque. Anónimo entre los delfines

Felizmente juntos dentro de una pequeña habitación en desorden
llamada Sala de Confusión

I have no idea what I have written

The severed foot in my stomach is love

We estimate the distances between soldiers

Wednesday, the upper world was utterly bereft

They simply slowly pushed her towards the door

The most important nouns filled with images of the
deceased

Strange piping voices one could not quite make out

We see with one eye and stand upon one leg

Whispering push the glass aside

Three bodies hung with clothes

All this time a boat drifting somewhere on the green

No tengo ni idea de lo que he escrito

El pie cercenado en mi estómago es el amor

Estimamos las distancias entre soldados

Miércoles, el mundo superior completamente despojado

Simple y lentamente la empujaron hacia la puerta

Los sustantivos más transcendentes con imágenes de
difuntos

Extrañas voces de gaita difíciles de distinguir

Vemos con un ojo y nos sostenemos en una pierna

Susurrando apartamos la copa

Tres cuerpos colgaban vestidos

Todo este tiempo una barca a la deriva sobre la hierba

A note on Absence

The story over having wished it otherwise

The water surface/friendship

The drunk euphoric

Good Friday music

Not in this lifetime

A fig tree grows

No miserable deed will do

Space and time, dimensions that just bring more of this

For anyone who has a nose

Show gratitude

A king sat in a box

8 p.m. Friday

rain defeating snow

a space too narrow to pass through

La historia sobre haberlo deseado de otra manera

La superficie del agua/amistad

El borracho eufórico

Música de Viernes Santo

No en esta vida

Crece una higuera

Ningún acto miserable bastará

Espacio y tiempo, dimensiones que sólo traen más de lo mismo

Para cualquiera que tenga una nariz

Muestra gratitud

Un rey sentado en una caja

Viernes 8 de la noche

la lluvia derrota a la nieve

un espacio demasiado angosto a través del cual pasar

A gannet thru the oil cannot
and a linnet sans a song
the winter is of every count
the water without ground
a fast returning past that
halts the future in her backwards glance
where through a dark gulf I have found
you in your absence always one last breath
through fire without air and earth
forever bitten through my hand.

Un alcatraz que atraviesa el óleo no puede
y un pardillo sin siquiera un canto
el invierno salda las cuentas todas
el agua sin cauce sobre la tierra
un pasado de rápido retorno que
detiene el futuro en su mirada vuelta atrás
donde a través de un golfo oscuro te he encontrado
a ti en tu ausencia siempre un último respiro
a través del fuego sin aire y la tierra
para siempre mordida a través de mi mano.

<u>Nothing has transcended Death</u>

This is the year (it isn't or it's not)
—assertion of material
—a dedication hopeful of eternity
or immortality—Emptiness enharbours all.

—

Descending on a hill in York
a Worcester Market or
The Library in Oxfordshire
Nothing has transmuted emptiness
Nothing has transcended death
A fee paid to a clergyman
all words lacking identity
affirming only their obscurity
Nothing has obliterated God
Nothing has replaced the earth
Nothing now deserves the empty dead
Nothing can unearth our buried hopes
Nothing transfigures eternal woe
The Nothing we have found
as fundamental to our consciousness and soul
the idle body settles after war
slowly the giant corpse supported by its bulk
gives way to soft completion
emptying ambition through its chime
milk and bile seeping to the river source

<u>Nada ha trascendido la muerte</u>

Este es el año (no es o es no)
—afirmación de la materia
—una dedicación esperanzada en la eternidad
o inmortalidad —El vacío lo abarca todo.

—

Descendiendo por una colina en York
un mercado de Worcester o
La Biblioteca en Oxfordshire
Nada ha transmutado el vacío
Nada ha trascendido la muerte
Un honorario pagado a un clérigo
todas las palabras carecen de identidad
afirmando sólo su oscuridad
Nada ha obliterado a Dios
Nada ha reemplazado a la tierra
Nada ahora merece el vacío de los muertos
Nada logra exhumar nuestras esperanzas enterradas
Nada transfigura el dolor eterno
La Nada que hemos encontrado
tan fundamental para nuestra conciencia y nuestra alma
el cuerpo ocioso se asienta después de la guerra
lentamente el enorme cadáver sostenido por su masa
cede el paso al suave final
vaciando la ambición a través de su repicar
leche y bilis filtrándose por el lecho del río

until the insignificant unheralded
takes witless hold of everything again
and change, the servant of obscurity again and
Nothing has transcended death.

Hope is a flower, change is a gardener, death is the soil
Hope is irregular, death is essential, change carries all
Greed is the flower pressed, self is the garden wall
Nothing with nothing built around. Poetry is apocryphal.

hasta que el inesperado imprevisto
se apodere torpemente de todo otra vez
y el cambio, servidor de la oscuridad otra vez y
Nada ha trascendido la muerte.

—

La esperanza una flor, el cambio un jardinero, la muerte la tierra
La esperanza es irregular, la muerte es esencial, el cambio todo acarrea
La codicia es la flor prensada, el yo es el muro del jardín
Nada con nada construido alrededor. La poesía es apócrifa.

The moon which over winds must travel
Hard by the warning clouds and shadows
Darling morn will come again
And fields that grow into their green

Fit with retro furniture our love
Enacts a ritual and
We are resolute—our parts
Well-written futures we rehearse

A faun undone by lust
The comedy of love
And wanting to remain intact
Despite his non-existence

La luna que sobre los vientos debe viajar
Pétrea por las nubes y sombras que presagian
La querida aurora volverá
Y los campos que crecen en su verde

Encaja con los muebles retro nuestro amor
Representa un ritual y
Somos resueltos —nuestros roles
Futuros bien escritos que ensayamos

Un fauno deshecho por la lujuria
La comedia del amor
Y deseoso de permanecer intacto
A pesar de su inexistencia

<u>London</u>

In the Hampstead ponds
A green walk without sides

<u>The Chiswick Garden</u>

The cherries overripe and vile
Rotted together—wasp-eaten

<u>Rye Harbour</u>

A murky shelving sea recedes
Green on the pitch—lavender in grey
We could have made it here yesterday
But instead we came today.

Londres

En los estanques de Hampstead
Un paseo verde sin límites

El jardín de Chiswick

Las cerezas demasiado maduras y viles
Se pudrieron juntas —comidas por avispas

Rye Harbour

Un mar de capas turbias se aleja
Verde alquitrán —lavanda en gris
Podríamos haber llegado aquí ayer
Pero en vez vinimos hoy.

Suddenly the SUN
A stretched Limon
Under the ice my lover
                    Comes
Under the carriage door
A soap cart foaming in the rain
All these black olives on the floor

Virtuous or not men pass away
            And souls may whisper as they go
And some are friends who say kind words
            And some deserve it so.

Súbitamente el SOL
Un Limon aplastado
Bajo el hielo mi amante
                Avanza
Bajo la puerta del carruaje
Un carrito de jabones haciendo espuma bajo la lluvia
Y todas estas aceitunas negras por el suelo

Virtuosos o no los hombres perecen
            Y las almas pueden susurrar mientras se van
Y algunos son amigos que profieren palabras amables
            Y algunos lo merecen así.

Her father, the doctor—happier at home
The oval window where the script is read
Give this note to Molly in the garden
For we cannot want for fantasy
In a realm where nothing in the way of real
Is to be found. A motherless daughter
In a gown of green. I do not sew. I read.

Su padre, el médico, más feliz en el hogar
La ventana ovalada donde se lee el guión
Dale esta nota a Molly en el jardín
Porque no nos puede faltar la fantasía
En un mundo donde nada del campo de lo real
Se encuentra. Una hija huérfana de madre
Con un vestido verde. No soy de coser. Yo leo.

(Late of the Moscow Poems)

Her revolutionary boyfriend says:

Silence!
The crow reckons
In its comic attire
You walk like an asshole!
Old man.
I'm so tired before
I'm even born.
The Sun can't make it
This winter
We'll have to make do with this bucket
And a bottle of vodka
You say you are unhappy
Well what would happiness be
You seem to enjoy it whatever it is.
And your pants are tight
And you get fucked
The cloud wilts past
My door—and again
The light returns—opens
Like a fridge I'm in.

(De los últimos poemas de Moscú)

Su novio revolucionario dice:

¡Silencio!
El cuervo reconviene
en su cómico atuendo
¡Caminas como un pendejo!
Viejo.
Estoy extenuado antes
De haber nacido.
El Sol no logra llegar
Este invierno
Tendremos que conformarnos con este balde
Y una botella de vodka
Dices que eres infeliz
Pero la felicidad entonces qué sería
Parece que lo disfrutas sea lo que sea
Y tus pantalones te aprietan
Y cómo te cogen
La nube pasa mustia
Por mi puerta —y nuevamente
La luz regresa —se abre
Como un congelador donde me encuentro.

I have finished a moment more lasting than bronze
A fresh nothing held up to the face of Boreas
When I look for myself I am not even there
Everything has escaped through the fingers of my goddess
The steps built up above the peasants' slope
From which we hear the clamour of our poem
The unheard bleat of the sacrificial goat
The unheeding beauty of a stranger passing.

He consumado un momento más duradero que el bronce
Una nada fresca sostenida ante el rostro de Bóreas
Cuando me busco ni siquiera estoy allí
Todo se ha escurrido por los dedos de mi diosa
Los escalones construidos por encima de la cuesta de los campesinos
Desde donde oímos el clamor de nuestro poema
El balido inaudito de la cabra sacrificial
La belleza despreocupada de un extraño que pasa.

To his former lover:

Venus's blue muscles under her uniform
The crevice filled by the usual device
I can find no kinder way of saying it
She is without restraint or taste in matters of the flesh.

Sleep arrives with a lopsided smile
How can the tongue keep still at times like these
The legs and arms recall all former deeds
I am nowhere to be seen.

She is a brazen treasure that has buried me
I am a fool whose gold was never pure
Now with the chance to sure my stocks I see
Our meeting was the last time I had love for me.

A su ex amante:

Los músculos azules de Venus bajo su uniforme
Al tajo lo llena el dispositivo habitual
No puedo encontrar una manera más amable de decirlo
En cuestiones de la carne ella no tiene ni límites ni gusto.

El sueño llega con una sonrisa torcida
Cómo puede la lengua quedarse inmóvil en momentos como éste
Las piernas y los brazos recuerdan todos los actos anteriores
No se me ve por ninguna parte.

Ella es un tesoro insolente que me ha enterrado
Y yo, ese tonto cuyo oro nunca fue puro
Ahora, con la oportunidad de apuntalar mis acciones, lo veo:
Nuestro encuentro fue la última vez que sentí amor por mí.

I remember staying with Theobold who was proof
that an excellent constitution is no match for a
prolonged course of overfeeding. Who can love
any man whose liver is out of order—and imagines
himself wanting of an affectionate family?

He was a man on the verge of the greatest
excitement…. the galloping hooves…

Recuerdo quedarme con Teobaldo, quien era la prueba
de que una excelente constitución no es rival para un
prolongado camino de sobrealimentación. ¿Quién puede amar
a un hombre cuyo hígado no funciona, y se imagina
que carece de una familia afectuosa?

Él era un hombre al borde de la mayor
excitación… una horda de cascos galopantes…

She weeps at the table in distress:

Even the Green is
Raw—the red field keels
Over if I could hide
Inside yr pain with you
Also the red wet tide
That keeps me feeling
You—no longer ever real.

A beautiful young woman is unfaithful to herself.

Sentada a la mesa llora angustiada:

Incluso el Verde es
Crudo —el rojo del campo se desploma
Si pudiera esconderme
Dentro de tu dolor contigo
También la roja marea húmeda
Que prolonga mi sentir
Tú —ya nunca más real.

Una joven y bella mujer es infiel a sí misma.

Essence on cardboard
non aliter—not otherwise
preserve forever that which
other wise cannot be.

Giovanni Bellini
a portrait of a boy
Venice, about 1475
oil on wood

The Bellini takes my
breath away
I see my son
and think I cannot love
this world—because
it fades irregularly
I cannot teach that
does not know even
how to love—it
is as easy as seeing
something everyone can see
the Bellini boy
faded to a fine trace
almost a veneer.

Esencia sobre cartón
non aliter —no de otro modo
preservar para siempre lo que
de otra manera no puede ser.

Giovanni Bellini
retrato de un joven
Venecia, alrededor de 1475
óleo sobre madera

El Bellini me deja
sin aliento
veo a mi hijo
y pienso que no puedo amar
este mundo —porque
se desvanece irregularmente
no puedo enseñar eso
que no sabe siquiera
como amar —es
tan sencillo como ver
algo que todos pueden ver
el joven de Bellini
apenas un trazo tenue
casi una aparición.

Hungry with loss
Of her the heaviest
(Empty bag—her loss)
And what to act upon
The bruise blooms purple and yellow
Like the face of a pansie
A week old flower

A pig brought in to slaughter
Zeus's daughter lost inside a dream
The summer that enwraps her shoulders
Bare now is the hour of our need.

Hambriento con la pérdida
De ella la más pesada
(Bolsa vacía —su pérdida)
Y sobre qué actuar
El hematoma florece morado y amarillo
Como la faz de un pensamiento
Flor de una semana

Un cerdo llevado al matadero
La hija de Zeus perdida dentro de un sueño
El verano que envuelve sus hombros
Desnuda ahora es la hora de nuestra necesidad.

Great limbs break off
But hang still in the trees
Held in our view. The cricket
In the kitchen for example.

The moon it doesn't even look round
Not real at all but flat and metal
Like a tin dish driven over in the street
Like a foil dish driven over in the street
I love you moon—you are everything to me.

Las grandes ramas se quiebran
Pero son una gravedad inmóvil
Ante nuestra mirada. El grillo
En la cocina a modo de ilustración.

Ella la luna ni siquiera parece redonda
Para nada real sino plana y metálica
Como un plato de lata que arrollamos en la calle
Como un plato de aluminio que arrollamos en la calle
Te quiero luna —lo eres todo para mí.

As I was being questioned at the checkpoint I saw what
I thought was Moore—running on the mountainside.

(Me and my small transgression about to be punished—
and Moore, naked and alive with independence dancing
beyond anybody else's claims).

Train song

We are now approaching Sunningdale
This is a Reading Train
This is Sunningdale
This Train is for Reading
The next station is Martins Heron.

Mientras me interrogaban en el puesto de control fronterizo, vi lo que
me pareció ser Moore —corriendo por la ladera de la montaña.

(Yo y mi pequeña transgresión a punto de ser castigada —
y Moore, desnudo y vivo y libre bailando
más allá de los reclamos de los demás).

<u>Canción de tren</u>

Estamos llegando a Sunningdale
Para Reading es el tren
Esta estación es Sunningdale
Para Reading este tren
La próxima estación Martins Heron es.

The washhouse overwhelmed
By sour lips
The workhorse dragged
By ropes across the ground

What is important
(right now)
ripe vines and ants

the darkest pools
of trees, and those
were leaves

A courtesan
descending stairs
were leaves

El lavadero abrumado
Por labios amargos
El caballo de tiro arrastrado
Con cinchas por el campo

Lo que importa
(en este preciso momento)
vides maduras y hormigas

los grupos más oscuros
de árboles, y aquellas
eran hojas

Una cortesana
bajando las escaleras
eran hojas

It's my poem not yours
There's this hero—
A grass plot and
Dimensions. I'm exhausted

—

the shepherd with his goatskin
wakes empty in the sun
my mouth dried crisp—opens a future
drinks on

—

the shape of the shirt
a man who likes his lilies

—

sulphuric acid
a poet's habit
a nurse's tit
held out of reach
an inch is infinite
this is a burn right through

—

Es mi poema no el tuyo
Existe este héroe —
Una parcela de hierba y
Dimensiones. Estoy exhausto

—

el pastor con su piel de cabra
despierta vacío al sol
mi boca crujientemente seca —abre un futuro
continúa bebiendo

—

la forma de la camisa
un hombre al que le gustan sus lirios

—

ácido sulfúrico
un hábito de poeta
el pecho de una enfermera
fuera de todo alcance
un centímetro es infinito
se trata de una quemadura profunda

—

How far are the birds?
Not far. Nothing can
Leave us—nothing leaves us

And here in my wagon
We hear birds—is it a thrush
This instant—everywhere

—

once you took down the large chalice
Dawn's aurora
Like an unattended spectacle
The lilies opening
Alive but representing yesterday
My ecstasy is empty
I write this instead of anything else
Futures swing past

¿Cuán distantes se encuentran los pájaros?
No tan distantes. Nada puede
Dejarnos —nada nos deja

Y aquí en mi vagón
Oímos pájaros —es un tordo
En este instante —en todas partes

—

una vez aceptaste el gran cáliz
Aurora del amanecer
Como un espectáculo sin público
Los lirios abriéndose
Vivos, pero representando el ayer
Mi propio éxtasis está vacío
Escribo esto en lugar de cualquier otra cosa
Los futuros columpiándose

Some undergraduate
Wearing that scent
You wore when we met.

What was lost
the taller weeds
Rose-of-Sharon

Glow! Laud glorious—
In a fell instance—
Gravity and her smiling swound
I will come at last to rest

(still no privacy)

Alguna estudiante de licenciatura
Con ese mismo perfume
Que usabas tú cuando nos conocimos.

Lo que se perdió
la maleza más alta
Rosa de Sarón

¡Resplandor! Loa gloriosa —
En instancia de caída letal —
Gravedad y su rapto risueño
Vendré por fin a descansar

(aún sin privacidad)

the teeth of blood
my mother gave to me
her apron of bleach
and arms of beef
and scent of hair
and golden yeast
to stop you cannot stop
until you rest

los dientes de sangre
mi madre me dio
su delantal de lejía
y brazos de carne
y olor a cabello
y levadura dorada
detenerte no te puedes detener
hasta que descanses

I sleep alone alone
I woke—this endless season
And no fit tale to mediate
(an audience might mirror my neglect)

(the truth and what she says
may casually agree
but one must understand the ways
in which they are distinct
and cannot mean the same)

Duermo solo solo
Desperté —temporada interminable
Y ningún cuento adecuado para mediar
(un público podría reflejar mi abandono)

(la verdad y lo que ella dice
puede casualmente coincidir
pero uno debe entender las formas
en que se diferencian
y no pueden significar lo mismo)

If I might make a start
Once more—a misheard shaft
of light—what could compare
Art in the shape of one wrong word

Slight as the ash tree bough
Twelve of them in the chill
Glint quite still and white
Then black against the snow

A mouthful of earth
Awaits us all
Whether by fire or fall
A mouthful of dirt our final word

Si pudiera empezar
Una vez más —un rayo de luz
erróneamente oído —qué podría compararse
Al arte bajo la forma de una palabra equivocada

Ligero cual rama de un fresno
Son doce chillando en el frío
Destello en quietud y blancura
Oscuro después en la nieve

Un bocado de tierra
Nos espera a todos
Ya sea por el fuego o la fuga
Un bocado de polvo nuestra palabra final

Your brown eyes looked
        So fond of me
But I cannot be seen
        Where I now stay
They had gold warmth
        But ringed with blue
A glow then sometimes
        Cold outside
I wanted you all through
        These years
But you weren't mine
        Nor ever were
And I could never hope
        To hold
That golden warmth
        All ringed with blue

Tus ojos castaños reflejaban
      Profundo afecto por mí
Pero permanecen invisibles
      Donde me encuentro hoy
Tenían una calidez dorada
      Aún si anillada de azul
Un resplandor entonces a veces
      Frío en el exterior
Te deseé completamente
      Estos años
Y aún no eras mía
      Ni jamás lo fuiste
Y nunca logré la esperanza
      De abrazar
Esa calidez dorada
      Toda anillada de azul

A single glove
        dropped in the undergrowth
since I have loved you
        and you left
alone
        's not half so good

a ringed dove claps

a single glove
        left in the road

Un único guante
        entre la maleza dejado caer
desde que te he amado
        y te fuiste
sola, solo
        no, ni la mitad de bueno

una paloma anillada aletea

un único guante
        olvidado en el camino

a watercolour of a fish
        its deep blue greenish fin
and watery eye, a jewel
        and red blood round the gills.
I made this for you
        thinking nothing of its life
just of the colours
        on its side
its obsolete candescent
        pride

acuarela de un pez
        su aleta de profundo azul verdoso
y acuosa mirada, una joya
        y sangre roja alrededor de las branquias.
Lo hice para ti
        sin pensar del todo en su vida
sólo en sus colores
        yaciente
en su obsoleto orgullo
        incandescente

weeping and weep no more
all takes just a moment
laughing laugh no more
this day is passing

living and no more
my heart be constant
dying and no more
to hold I can't.

llorar y no llorar más
sólo se tarda un instante
reír no reír más
el día se está yendo

vivir y no más
corazón te pido constancia
morir y no más
aguantar no puedo.

Let death her song console
With nothingness our lives
Lived in her shade. Soul
With her momentary flare
Escapes our crushing want
Our arms which are
Defenseless each to each
Reaching after that which
is its loss

Deja que su canto la muerte consuele
Con la nada nuestras vidas
Vividas a su sombra. Alma
Con su momentánea llamarada
Escapa de nuestra devastadora necesidad
Nuestros brazos que son
Indefensos, cada uno para cada uno
Alcanzando lo que
su pérdida es

The dead woman that is living here
dead in their cars, the dead
arriving home. If it were easier
to live we would all live. But to
keep an open face—only a few
(and some now dead).

—

What can I carry across to you?
My pity? Or should I take yours.
Love, which I hold onto as if it's nothing
Is nothing. I mean it is not anything

Narcissus with no mirror
The child without his mother
What should I bring to you
It will not be pity or

Our love, which I can't find
without you I must bring
my general humanity
a dull brute beast who eats

and shits, seems happy
without content or the ability
to reflect upon
loss as love's reflection.

—

La difunta moradora de estos parajes
muertos en sus automóviles, los muertos
que llegan a casa. Si fuese más simple
vivir viviríamos todos. Pero para
mantener la cara despejada —sólo unos pocos
(y algunos ya han muerto).

—

¿Qué puedo llevarte al otro lado?
¿Mi pena? O debería llevarme la tuya.
El amor, al que me aferro como si fuera nada
Es una nada. Quiero decir que no es algo

Narciso sin espejo
Hijo sin su madre
Qué debo llevarte
No será pena ni

Nuestro amor, que no puedo encontrar
sin ti debo llevar
mi humanidad ordinaria
una bestia bruta y aburrida que come

y caga, parece feliz
sin contenido ni capacidad
para reflexionar sobre
la pérdida como reflejo del amor.

—

Hunkered down over bleach
floors and tiles and chicken rinds
prone to bursts of varicose
and valium and anodynes

the brightest Cava Queen
whose valley echoed with the screams
of little trembling narcissi
plucked into a beaker for a Sunday offering.

—

the small house I grew up in—but still its hidden
spots—concealed in dreams and silences between
inside of me—the ceaseless
ground erupting into being

—

My mother I had thought—but no
Maybe even blood a little—stars
a cloudy night—I had high hopes
But no—not now for her—

A leaf blows heads or tails.

En cuclillas sobre lejía
y pisos y baldosas y menudos de pollo
propenso a estallidos de várices
y valium y anodinas

la Reina Cava más brillante
cuyo valle hizo eco con los gritos
de pequeños narcisos temblorosos
incrustados en una taza para la ofrenda dominical.

—

la pequeña casa donde me crie —aún así sus lugares
ocultos —escondidos en sueños, entre silencios
dentro de mí —espacio
incesante irrumpiendo en ser

—

Mi madre yo había pensado —pero no
Tal vez incluso la sangre un poco —estrellas
una noche nublada —tenía grandes esperanzas
Pero no —ahora no para ella—

Una hoja sopla a cara o cruz.

The long noon of the city
Honeyed Oxford and
The bones of York
Where nothing can be done

Ombersley

The Elms tower
upside down
around the black
fish pool

El dilatado mediodía de la ciudad
Almibarada Oxford y
Los huesos de York
Donde nada se puede hacer

<u>Ombersley</u>

La torre de Olmos
al revés
en torno al oscuro
estanque de peces

<u>The Battle of Britain/Cathy's Garden/</u>
<u>Oxford Ohio./2011</u>

The arbor of the garden fringe
The complex branches of the upper reaches
In between the skies
Like some brittle fossil of a living lung
The spicules fracture as
The groaning fighter crashes clumsily to earth

An old man with a lion's head
The process of his changing shape
How strange to die, how ordinary and wonderful
It was the best thing after all

<u>La batalla de Inglaterra/Jardín de Cathy/
Oxford Ohio./2011</u>

La arboleda en los confines del jardín
Las complejas ramas de la copa superior
Entreverándose por los cielos
Como el fósil frágil de un pulmón palpitante
Las espículas se fracturan mientras
El gimiente avión de caza se estrella torpemente contra la tierra

Un hombre entrado en años con cabeza de león
El proceso de su cambio de forma
Qué extraño es morir, cuán ordinario y maravilloso
Después de todo fue lo mejor

Slow drips and light shower
Flat metallic sky and sombre limbs
Deer as if on set appear
And then it is again as it had been.

The rain set in
if constant motion
and emotion can be set
I have regrets
exhilarating endless rain
whether I go out or settle in
a flash of silver tears the curtain

Goteo lento, algún chubasco
Cielo metálicamente chato, extremidades sombrías
Aparecen ciervos como en una puesta en escena
Y luego todo vuelve a ser como antes.

Se instaló la lluvia
si el movimiento constante
y la emoción se pueden fijar
yo cargo remordimientos
y la lluvia estimulante que no cesa
y yo, salga o me quede cómodo dentro
un destello de plata rasga el telón

I'm loving her in knots
I can't untangle night
As if inevitable you cannot
see yourself as separate to it
and then the afternoon
incessant bird whose song
doesn't progress—a two note threnody
So when I close my eyes
To my own thoughts I should
Have ownership in some small part
I am enslaved to that which I gave up my selfhood for
It is not even her—she is not anywhere
Both victims of the same hypnotic song
Two notes a threnody to morning and to afternoon.

To infinitudes
My small distempered craft
A house upon an ocean set
Or else a bird caught in a net.

La amo, nudo a nudo
No logro desenmarañar la noche
Como si fuera inevitable, tú eres incapaz
de verte a ti mismo como entidad aislada
y luego la tarde
pájaro incesante cuyo canto
no avanza —lamento fúnebre de dos notas
Entonces, al cerrar los ojos
Al negárselo a mis pensamientos, debería
Apropiarme de un pequeño espacio
Esclavo soy de aquello por lo cual he renunciado a mi identidad
Ni siquiera se trata de ella —ella no está en ninguna parte
Ambos, víctimas del mismo canto hipnótico
Dos notas un treno al alba, uno al ocaso.

A las infinitudes
Mi pequeña barca destemperada
Morada sobre un escenario oceánico
O bien un pájaro capturado en una red.

<u>Without Bastion</u>

drunk writerless despised
as if the next inaccurate desire
of fulfilled will will offer surety
a hill fort derelict decapitates
the camp. I had ended up
leaving the ground for no
particular reason wanting only
everything. The most beautiful universe of son
eclipsed by heaviness.
Hey! Come hither child, Hey!
have I just emptied all your fears
into the world. I did.

Thick May rain and thunder
on a Sunday would be August
lowering trees in lushest greens
then bright again

to end an English post-meridian

The shuttered room in sunken darks

my erection typical of the genre

blood and wine carpet to ceiling

Darling in another room. I'm gone.

<u>Sin Baluarte</u>

ebrio huérfano de escritura despreciado
como si el próximo deseo inexacto
de voluntad cumplida ofreciera seguridad
un fuerte militar en ruinas decapita
el campamento. Había terminado por
abandonar los confines sin ninguna razón
en particular únicamente deseándolo
todo. El más bello universo de los hijos
eclipsado por la pesadumbre.
¡Oye! Ven aquí niño ¡Oye!
acabo yo de vaciar todos tus miedos
en el mundo. Lo hice.

Espesa lluvia de mayo y truenos
en un domingo sería agosto
por árboles de los verdes más frondosos
luego radiante otra vez

para terminar un postmeridiano inglés

La habitación con persianas hundida en la penumbra

mi erección típica del género

sangre y vino de la alfombra al techo

Mi querida en otra habitación. Ya me fui.

<u>Fantasia on Loss</u>

I saw a tree felled by the bank
And thought it was a desperate fool
The saddest hunched without concern
For loss had humbled loss

Love carried her own cares
Busy between mismatched contemporaries
A child's scarf worn by a teenage girl
It is too late to meet

Child is a cavern of despair
Where light is now uncertain
Night is your companion

Take your jacket
Pen in pocket
Like a park thrown around a closet

I crawled inside your face
I cannot mean that and I do
I crawled inside of you to be there
And I could not hold the view.

<u>Fantasía sobre la pérdida</u>

Yo vi un árbol derribado junto a la orilla
Y pensé que se trataba de un tonto desesperado
Del jorobado más triste sin preocupación
Porque la pérdida había humillado a la pérdida

La ama-amor se ocupaba de sus cuidados
Ocupada entre contemporáneos mal emparejados
La bufanda de un niño llevada por una adolescente
Es demasiado tarde para encontrarse

El niño es una caverna de desesperación
Donde la luz ahora es incierta
La noche te guarda compañía

Toma tu abrigo
Bolígrafo en el bolsillo
Como un parque que se arroja en un armario

Yo me arrastré dentro de tu rostro
Yo no puedo decir eso y lo hago
Yo me arrastré dentro de ti para estar ahí
Y fallé en sostener la mirada.

—

Who are we against
The sightless faces of the dead
Our populated depths
All but the flowers and the birds
Are hindered here

Under what spectacle of light
The crowds invisible and visible
As if amongst contemporaries
Wander or resolve to stand
Between the instances of rose and wall

Light through the leaves or amber evening light
Light from the graves of others who have seen
The days of happiness and sorrow fluctuate like light
My day at tremble on the flat plane window
Who can or never has seen anything of this

(who in a choir of angeluses
defends himself against antiquity
who is made mad by absences
of any instant that has passed
or of his own contempt for living life

Helping himself to clumps of air
Climbing the knee deep furrows
Of indifference
Desperate though ignorant
Amidst the morbid silence of what's happening)

Quién es nuestro oponente
Los rostros ciegos de los muertos
Nuestras profundidades pobladas
Todo salvo las flores y los pájaros
Se ven obstruidos allí

Bajo qué espectáculo de luz
Las multitudes visibles e invisibles
Como si entre contemporáneos
Deambulasen o se decidiesen a permanecer
Entre los momentos de la rosa y el muro

Luz a través de las hojas o luz ámbar del crepúsculo
Luz de las tumbas de otros que han visto
Los días de felicidad y preocupación fluctúan como luz
Mi día temblando en la ventana plana en pleno vuelo
Quién puede o nunca ha visto nada de esto

(quién en un coro de ángelus
se defiende de la antigüedad
que enloquece por las ausencias
de cualquier instante que ha pasado
o de su propio desprecio por vivir la vida

Sirviéndose bocanadas de aire
Escalando hasta los huesos calados
De la indiferencia
Desesperado, aunque ignorante
En medio del mórbido silencio de lo que sucede)

summermeadowshadow

sombreadopradodeverano

Her idle attitude
Of thought her actions
I have tried to keep
Things innocent of hate
& need, and hate & need
have grown immediate
what I want I don't
know how to tell
even myself except
it is not what I get
—not even that.

Su actitud ociosa
Del pensamiento sus actos
He tratado de mantener
Las cosas libres de odio
& la necesidad, y el odio & la necesidad
han crecido inmediatos
lo que quiero no sé
cómo decirlo
incluso a mí mismo, sólo
que no es lo que consigo
—ni siquiera eso.

<u>All summer long</u>

The weeks fell apart like legs
And each boy took his turn
With the indifferent summer
In a ruin of sacrifice
and sick astonishment.
At last, the last door of
The Adulthouse was opened—
At last the great whore
Of the town was naked there for them.

<u>Todo el verano</u>

Las semanas se abrían como piernas
Y cada uno de los jóvenes sacaba su turno
Con el verano indiferente
En una ruina de sacrificio
y asombro enfermizo.
Por fin, la última puerta de
El Burdel se abrió —
Por fin la gran puta
Del pueblo se desnudaba allí para ellos.

The muses have been
        Hear all morning
A wren, a swallow and
        A Robin
I have been confounded with
        My self-regard
And anxious over family
        And business of the world
I take no part in my success
        Or in my son's
                Near happiness
I am confounded here in
        Self-regard
                Until
A wren, some swallows and a robin
        Called.

Las musas han pasado
      Aquí toda la mañana a escuchar
A la ratona, a la golondrina y
      Al Petirrojo
Me han confundido con
      Mi autoestima
Y ansioso por la familia
      Y los asuntos del mundo
No tomo parte en mi éxito
      Ni en el de mi hijo
        Su felicidad cercana
Estoy confundido aquí con
      La autoestima
        Hasta
Que una ratona, golondrinas y un petirrojo
      Llamaron.

The world scatters
Absence on my claim
To memory—a model
Of a puppet ship which
Placed upon a painted sea
As if mid journey in a
Bottle empty of its spirits
Now—all we have to show
For one long summer and
Forgetting all of it.

Every time I near myself
A death forestalls me
Knowledge such as night
Makes wisdom's vision faint
Only a planet seems
The envy of her siblings
In a sky of doubt

El mundo dispersa
Ausencia en mi reclamo
A la memoria —un modelo
De un barco de marionetas
Colocado sobre un mar pintado
Como si en plena travesía en una
Botella vacía de alcoholes
Ahora —todo lo nuestro para mostrar
Por un largo verano y
Olvidarlo todo.

Cada vez que me acerco a mí
Una muerte me presagia
Un conocimiento como el de la noche
Opaca la visión de la sabiduría
Sólo una estrella se asemeja
A la envidia de sus hermanas
En un cielo de incertidumbre

Struggling to keep afloat/
        As when a poem moves beyond its words
The trawler over depths/
        Into a realm impossible to read

The skiff emblazoned by the sun/
        On scattered gold and albumen
Arriving at what leaves what flowers/
        Venus the morning star, Venus the evening rose.

Luchando para mantenerme a flote/
     Como cuando un poema conmueve más allá de sus palabras
El arrastrero sobre profundas latitudes/
     Hacia una realidad de inalcanzable comprensión

El esquife blasonado por el sol/
     Sobre oro disperso y albumen
Arribando hasta lo que abandona y florece
     Venus estrella matutina, Venus vespertina rosa.

A modest turk
Fell off the sky
A big top tent
And trapeze act

What then is love if I am either
cognizant or else consumed?
The light like breathing
It will change.

Un turco modesto
Cayó del cielo
Gran carpa de circo
Y un número de trapecio

¿Qué es el amor entonces si soy
consciente o por él consumido?
La luz como la respiración
Cambiará.

For love has fallen
Like a misery
Upon the day—

And I remember wanting this
defenseless woods
engulfed by waves

Porque el amor ha caído
Como una miseria
Sobre la hora diurna —

Y recuerdo haberlo querido
este bosque indefenso
engullido por las olas

<u>Droitwich, late July 2011</u>

The fruit trees are in fruit
and none should doubt
that this is summer once again
a cold cloud sky but
greens abound—the garden
pushed to the limit of its growth
and I am here again returned
to the very dwelling of my birth
and those two souls still here
and captive to their own despair
and joys—and me away now
in some absent state I hardly know.

<u>Droitwich, fines de julio de 2011</u>

Los árboles frutales en su esplendor
nadie debería dudar
que es verano una vez más
un cielo nublado y frío pero
el verdor abunda —el jardín
llevado al límite de su crecimiento
y yo aquí nuevamente retornado
a la misma tierra de mi nacer
y esas dos almas siguen aquí
cautivas de su propia desesperación
y alegrías —y yo lejos ahora
en un estado ausente que apenas conozco.

the unused shed
takes only months to rot
with bindweed/nettle halo
overlooking poles of blistered creosote

I'm stewed under Sun—every graffitied inch
railway brick and fox piss path
(children in the psychodramas of their games)
a newt amongst detritus in a sink

Out of the corner of my eye
My mother passes
Into the undergrowth ignored
Of common evening primrose, bittercress and flax.

el galpón en desuso
tardará pocos meses en pudrirse
con enredaderas/ortiga mayor
vigas expuestas con brea quemada

me cocino bajo el Sol —cada centímetro con grafiti
camino de ladrillos del ferrocarril y de orina de zorro
(niños en el psicodrama de sus pasatiempos)
un tritón entre los detritos de un lavatorio

Por el rabillo de uno de mis ojos
Pasa mi madre
Hacia la maleza ignorada
De onagra común, berro amargo y lino.

<u>Fort Street, Boise, August 2011/2</u>

My beautiful laundress
Factotum—portmanteau human
What careful task
Have you left undone

The starlings are at my door
Laughing their walks across the lawn
The lavenders in pots
Are variously dead or blossoming

Mi hermosa lavandera
Factótum —portadora de la palabra
Qué tarea cuidadosa
Has dejado sin hacer

Estorninos en la puerta de casa
Se ríen al saltar sobre la hierba
Las lavandas en macetas
Diversamente muertas o en flor

<u>Suite of rain and light—London, August 2011</u>

This rain will rot your house
This is the denouement
    We've been
    Playing out

—

The light she gave me
    Her last light
That day of Endless rain
The light which
    I still see
        all silver down the
            train window
      my son a silent
    travelling
Companion

—

In this light London
Is intoxicating
The light in London
Is intoxicating
The chivalry of war

Esta lluvia pudrirá tu casa
Este es el desenlace
          Del cual ambos
          Somos artífices

—

La luz que ella me dio
          Su última luz
Ese día de lluvias Incesantes
La luz que
          diviso aun
                    cada moneda caída por la
                              ventana del tren
                    mi hijo un taciturno
          compañero
De viaje

—

En esta luz Londres
Es embriagante
La luz en Londres
Es embriagante
La caballería de guerra

Significant extravagance
In plumes of smoke & feathers
Rows of Terrace Houses such
      As Battersea
      & Hove

The sea deposit of a
Decorous embattled state
All parks that close at dusk
Where feral gangs of youth
Might chase an innocent to
              death
For want of ritual.

Extravagancia significativa
En penachos de humo & plumas
Viviendas unifamiliares adosadas
        Como Battersea
        & Hove

El depósito marino de una
Decorosa condición asediada
Todos los parques que cierran al anochecer
Donde hordas de jóvenes salvajes
Pueden perseguir a un inocente hasta
                            matarlo
Por falta de ritual.

—

This was the side of the
          House
Which fell down—
This was the site
Where the pit grew
She fell without a word
A gasp—this wall

—

Down from the North
To sit and watch the water
When a life might any moment
out
—Burst of violens—
To kiss most lustily
The gut and bow

—

Este era el lado de la
           Casa
Que se derrumbó —
Este era el sitio
Donde creció la fosa
Ella cayó sin una palabra
Un jadeo —este muro

—

Viniendo desde el norte
Para sentarnos y contemplar el agua
Cuando la vida podría en cualquier momento
apagarse
—Estallido de violens—
Para besar más lujuriosamente
La tripa y el arco

It is the ripped apart
Her heart which
Here in my hands—my heart
Or is it shoulder where I love
The weight, the heads held up

When I say she left her vanity behind
I just mean her mirror.

Do not suppose those things
that you feel keenly are yourself
anymore than those that leave you
speechless, dry and without incident

Es el desgarro
Ella, su corazón aquí
Entre mis manos —mi corazón
O bien es el hombro donde adoro
El peso, las cabezas erguidas

Al decir que ella dejó la vanidad atrás
Espejito espejito, me refiero sólo a él.

No creas que esas cosas
que sientes con intensidad y que eres tú
son más que aquellas que te dejan
mudo, seco y sin nada trascendente

Death death death death
Follow it 4 times back until you understand
The lady smells of laundry whom I love
A thousand lines all hung I have pulled down—

The bride asks of the common creatures:

Who was it in passing that bestowed such beauty upon you?

Who is not devastated by this clamour?

Where is your hiding and your hunting?

Where are you as you sit invisible in the tall grass?

Muerte muerte muerte muerte
Seguirla 4 veces hasta entender
A ropa limpia huele la mujer que amo
Cuerdas mil cuerdas cuelgan y de todas tiré —

La novia pregunta a las criaturas de los campos:

¿Quién al pasar te ha concedido tal belleza?

¿Quién no se siente devastada por este clamor?

¿Dónde se encuentra tu escondite y tu caza?

¿Dónde estás al sentarte invisible entre los pastizales?

I have touched the squalor and the splendor of myself
And laid down tortured and in bliss
I have held myself to standards not my own
And lost all sense of common ground

A living form why grieve
As if usurped by death
Until the furthest edge leaves
One thin task left

He conocido mi propia miseria y mi esplendor
Y me tiré a descansar torturado y feliz
He sostenido valores ajenos a los míos
Y perdí por completo el sentido de afinidad

Un ser vivo por qué hacer el luto
Como si la muerte lo arrebatase
Hasta que el borde más lejano deje
Una tenue tarea

A suite of Mirrors

Two swan that in attendance stand
Offering a sign of fortitude
Why I have chosen neither company
Nor solitude I cannot say

My head is woozie with the infinite
And so I sleep—heaped like a sideways sack
Upon a sofa that would fall if it were not
For the meager floor I rent

—

Beneath these trees love slept
Not dead but idle in her bliss
And these same trees have left
Their leaves and shadow and their breath

Oblivion plays in the foliage
One bright instant and its shade
Suns into being fall and rise
And more suns in amidst the grays

—

Una suite de Espejos

Dos cisnean mientras de pie esperan
Ofreciendo un signo de fuerza interior
Por qué no he optado ni por la compañía
Ni la soledad lo ignoro

Estoy mareado con el infinito
Y por eso duermo —amontonado como una bolsa
Sobre un sofá que se vendría abajo si no fuera
Por el piso de esta pocilga que alquilo

—

Debajo de estos árboles la ama-amor dormía
No estaba muerta sino ociosa en su dicha
Y estos mismos árboles nos han dejado
Sus hojas y sombra y un hálito plural

El olvido juega en el follaje
Un instante de luz, sus matices
Soles en ser cayéndose y alzándose
Y más soles en medio de tanto gris

—

You loved this house you said
And I recall these walls
As if my brother's face
—but houses are immune to tenderness

without a human to inhabit them
the windows are as blind as glass
and words like love that moves the air
like motes are even more useless

—

remote oblivion dressed motherhood with love
and made the lover smile when you embrace
but memory in search of consolation after loss
could only conjure masks and not one face

catharsis pruned to self-involved avoidance
whatever she was made of she has gone
and I am left (at least) with knowing that she was
real—for now I cannot conjure anyone

—

Amaste esta casa, dijiste
Y yo recuerdo estas paredes
Como si el rostro de mi hermano
—pero las casas son inmunes a la ternura

sin un ser humano que las habite
las ventanas son tan ciegas como el cristal
y las palabras como el amor que mueve el aire
como lunares son aún mas inútiles

—

el olvido lejano vistió a la maternidad con amor
y al besarla haces que tu amante sonría
pero la memoria en busca de consuelo tras la pérdida
sólo pudo conjurar máscaras y ningún rostro

la catarsis purificó a la propia anulación
sea cual sea su constitución ella se ha ido
y a mí me queda (al menos) saber que ella fue
real —pues ahora no puedo conjurar a nadie

—

my faith was not by faithfulness supplied
I had my love of those whose constance was in doubt
by also those whose love could not be tried
And both gave out

Needs must that I retreat from your opacity
For looking on you turns me too much on myself
And having want of love I gave that love to you
And giving all left nothing to receive.

—

What is this catastrophic love
That just one glance one second past
Has pushed me to the end of breath
Death is all it brings—the absolute undoing of a life—a precipice

But life was just display—a chance
Occurrence that might once or twice
Allow significance to coincide with incident
And so I met you and you left.

mi fe no fue suplida por la fidelidad
amé a quienes cuya constancia estaba en duda
también a quienes cuyo amor no pudo ser probado
Y ambos fallaron

Es necesario que recule de tu opacidad
Porque al mirarte vuelvo demasiado hacia mí
Y a falta de amor ese amor te lo he dado
Y dándolo todo no ha dejado nada a cambio.

—

Qué es este amor catastrófico
Que en esa única mirada un segundo atrás
Me empuja al limite del aliento
La muerte es todo lo que implica—la pulverización de una vida —

                                              | un abismo

Pero la vida era sólo una exhibición —un azar
Una ocurrencia que podría una o dos veces
Permitir que el significado coincida con el incidente
Y así te conocí y partiste.

What care I of celebrations if the dam is gone
No time nor health secures my happiness
When all before me lacks her own one self
And I have lost all hope of (anybody) finding anybody else

And I again a character's unwritten part
Played out without an audience at least
The cast unproven, ill-equipped, still unrehearsed,
the curtain finally hung aloft for one short farce.

Qué me importan las celebraciones si la represa se ha derrumbado
Ni el tiempo ni el bienestar me aseguran la felicidad
Cuando todo ante mí revela la falta de ella, de su propio ser
Y he perdido toda esperanza de que (quien sea) encuentre a otro ser

Y yo nuevamente el papel no escrito de un personaje
Representado sin público al menos
El elenco sin probar, mal preparado, sin haber ensayado aún,
el telón finalmente se levantó para una breve farsa.

The Death of Venus

bitterness tastes green—all love
Of spring and growth that forces life
joy tastes green and so all sadnesses.
Red is the colour of our birth and death—all life is otherness

Trust yourself to love who love can't trust
Doubt might be the mettle of your vow
I who can not be in present time content
Can follow only rumours where she went

la amargura sabe a verde —todo amor
De primavera y crecimiento que obliga a la vida
la felicidad sabe a verde y así las tristezas todas.
El rojo es el color de nuestro nacer, de nuestra muerte —la vida toda
|es otredad

Confía en ti para amar a la persona en quien el amor no puede confiar
La duda podría ser el temple de tu promesa
Yo que no logro en este presente estar contento
Sólo puedo ir detrás de los rumores donde ella fue

With each new self one learns how to be
Another lover than the one one knew
So loving leaves behind what we once were
And finding more within when new without
That which I now see clearly was unclear
That which I saw I now no longer see
As if what was a mirror darkly glazed
Now washed of all its selfish gloom reveals
A window to the world and all it holds
The light from where I sit redoubled is
And now unfogged the glass transparency
Shows more of me than I held in my haze
That which I held in vanity which was concealed
By one small mirror opens now the field.

Be not content without an outward show
If being can be anything you do—without
Contentment being is complete—but know
That in not knowing you still act your part
And can without the plot still plot your art.
So being one who knows he does not know what
Being is, you can at least read covers
though the book is never read.

Con cada nuevo yo uno aprende a ser
Otra persona a quien amar que no sea la que uno conoció
Así amar deja atrás lo que una vez fuimos
Y encontramos más dentro cuando renovados por la falta
Lo que ahora veo con claridad no estaba claro
Lo que veía ya no lo veo
Como si lo que era un espejo de cristal oscuro
Ahora limpio de su egoísmo grisáceo revela
Una ventana al mundo y todo lo que contiene
La luz desde donde me siento gana intensidad
Y, ahora, desempañada la transparencia del cristal
Me devuelve más de mí de lo que en mi neblina poseía
Lo que poseía de vanidad y que permanecía oculto
Por un pequeño espejo se abre ahora la tierra.

No te contentes huérfano de un espectáculo exterior
Si ser puede ser cualquier cosa que hagas —sin
Satisfacción el ser es completo —pero sábelo
Que al no saberlo continúas interpretando tu papel
Y puedes, aún sin el guion, seguir guiando tu arte.
Así que siendo uno que sabe que no sabe lo que
Es ser, puedes al menos leer las portadas
aunque el libro nunca se lea.

<u>To Jeanne</u>

I wish you a heaven of privet scent
Of every child you ever held
Of evening light and dances endlessly
Of years of hours spent

<u>Poppies</u>

half-love half-death
as if the night held day aloft
and in the midst of green one felt a sudden burst of red
a memory grows out of death.

<u>A Jeanne</u>

Te deseo un cielo con aroma a aligustre
A cada recién nacido entre tus brazos
A luz anochecida e interminables danzas
A años de consumidas horas

<u>Amapolas</u>

mitad amor mitad muerte
como si la noche sostuviera el día en lo alto
y en medio del verde se sintiera un repentino estallido de rojo
una memoria crece a partir de la muerte.

I'm sorry to report that all is emptiness
One might abandon hope at such a thought
Or else one might choose self-abandonment.

I prefer to carry on
in this formless eternity
And reach into the abyss
To make another cup of tea.

I'm sorry: a folly
Keats in a purple shirt, Shelley in a yellow
The afternoon upon us after play
The wine and fruit left over from tomorrow

Lamento informar que todo es vacío
Abandonar la esperanza podríamos ante tal pensamiento
O bien optar por el abandono de uno mismo.

Yo opto por seguir adelante
en esta eternidad sin forma
Y alcanzar el abismo
A fin de preparar otra taza de té.

Pido disculpas: un capricho
Keats en una camisa púrpura, Shelley en una amarilla
La tarde sobre nosotros después de jugar
Vino y fruta, sobras de mañana

Echo's response unheard—her lover drowning
Past the path of sunlight on the pool's frisked lid
As evening drops her frown behind the laurels
A lone cicada answered by a crow

Daughter in my arms for one more night
As lovers we shall dance outside the hall
And up against the carpark wall we might
Admit each other's need before we part

In one yard of desperation
Love wakes me
to the sea

Eco, su inaudible respuesta: ella, su amante ahogándose
Detrás del trayecto del sol sobre la cubierta frisada de la piscina
Mientras detrás de los laureles la tarde deja caer su ceño
Una cigarra solitaria, un cuervo le responde

Hija en mis brazos por una noche más
Amantes tú y yo dancemos entonces fuera del salón
Y contra la pared del estacionamiento quizás
Admitamos la mutua necesidad antes de partir

En un metro de desesperación
El amor me despierta
al horizonte del mar

I cannot stand
where I love
the ocean meets the sand

Heaven's the centre of the soul
—from *A Dialogue between Thyrsis & Dorinda*
                                    by Andrew Marvell

To make a final composition of all time
Love in whom beauty and disaster grows
Must marry death to pass into anotherness
There ending ending and beginning grace again

No puedo sostenerme
donde amo
el océano se encuentra con la arena

El cielo es el centro del alma
—de *Un Diálogo entre Thyrsis y Dorinda*
                    de Andrew Marvell

Con el fin de realizar una composición que perdure
El amor en el que crece la belleza y el desastre
Debe casarse con la muerte y así otrarse
Dando allí fin al fin y origen a la gracia una vez más

<u>On leaving my mother at Crewe Station</u>

The bough the bird is on
A bitter winter dialect
Writ grey across the white
Somewhere in the copse is green

Somewhere underneath this scene
A summer stirs a spring
I've been thru so many winters
Will never see the like again

As with an apple for dessert
Its ordinariness sublime
I'm at a loss this day
To find another winter equal in my mind

<u>Al dejar a mi madre en la estación de Crewe</u>

La rama en la que se posa el pájaro
Dialecto amargo del invierno
Gris escrito sobre blanco
En algún lugar de la arboleda hay verde

En algún lugar bajo esta escena
Un verano agita una primavera
He pasado por tantos inviernos
Nunca volveré a presenciar algo así

Como con una manzana para el postre
Su sublime ordinariez
Hoy día soy incapaz
De dar con otro invierno igual en mi memoria

<u>Of all creatures best I love the birds</u>

their soaring and their dipping flight
the whistling swallow and
~~the white-cheeked sparrow~~
~~and the colonies of feathers bright and dull,~~
~~eggs of green and speckled alabaster~~
~~nests rigged high atop~~
~~or buried underfoot~~
~~& of their rituals & courting dance, but more~~
their waking, when the day is minutes long—
their song.

<u>De todas las criaturas más amo a los pájaros</u>

sus altos vuelos, sus caídas en picada
el gorjeo de la golondrina y
~~el gorrión de mejillas blancas~~
~~y las colonias de plumas luminosas y opacas,~~
~~huevos de alabastro verde y moteado~~
~~nidos aparejados en lo alto~~
~~u ocultos bajo tierra~~
~~& de sus rituales & danza de cortejo, pero más~~
su despertar, cuando el día dura instantes —
su canto.

to make ill of the good
what help to any man
to take a blossom down
to choke a chick in milk

it is an everyday affront

hacer mal del bien
qué ayuda a cualquier hombre
cortar un pimpollo
cortar la vida de un polluelo en la leche

      es una afrenta de todo día

<u>A gradual poem</u>

(Café Rouge, Chiswick, December 23rd, 2011)

for Jeanne

There'd be nothing
That I could talk about
without

women without cancer
off the buses
women with and without

<u>Un poema gradual</u>

(Café Rouge, Chiswick, 23 de diciembre de 2011)

para Jeanne

No habría nada
De lo que pudiera hablar
sin

mujeres sin cáncer
bajándose de los autobuses
mujeres con y sin

lost in the endless tumble
of exchange. Without recourse
without hope without clear memory
all tipped in the weary Thames

real material objects here at hand
and real loss of such over again
making a trip to the shop part of it
the knowledge it will go and love remain

a small hand motherly falls
a frail papered mitten that holds its pair
a tremble in spasm that cannot write
auspicious and empty with each minute shared

perdidos en la interminable caída
del intercambio. Sin recurso
sin esperanza sin clara memoria
todo echado al cansado Támesis

objetos materiales reales aquí a mano
y su pérdida real una y otra vez
haciendo de una escapada a la tienda parte de ello
el saber que esto o aquello se irá y que permanecerá el amor

una pequeña mano cae maternalmente
una manopla frágil de papel que sostiene a su par
un temblor en espasmo que no logra escribir
auspicioso y vacío con cada minuto compartido

My mother is an antelope
What can you mean?
My mother's antelope escapes
Through which closed gate?
Her heart is free across the distant hill
And none who weep can cause her any ill.

There is nothing
like a mother
's glove—or hand
there, on my harm

taking the bus
with two of us
kicking against
the seat in front

the other children
remain other
to my small idea
of family or world.

Mi madre es un antílope
¿Qué puedes querer decir?
El antílope de mi madre se escapa
¿A través de qué puerta cerrada?
Por la colina lejana su corazón es libre
Y nadie que llore puede hacerle mal.

No hay nada
como una madre
su guante —la mano
ahí, por culpa mía

tomando el autobús
con dos de nosotros
que patalean contra
el asiento de enfrente

los otros niños
siguen siendo otros
para mi pequeña idea
de familia, de mundo.

What a damned fool it is to love
and not to love
Or else a starling holds us captive with her song
with her lament, her joy, her consternance.

Amar, qué desgraciada estupidez
y no amar también lo es
O bien un estornino nos cautiva con su canto
con su lamento, su regocijo, su consternación.

Play for her tonight she cannot hear.

Toca esta noche para ella no puede oír.

I noticed your mouth
Was the pit of death
An intimate space
And infinite

Your eyes one last time
To let in light
Or let out something
Silent and unseen

Your mouth that forgot
And became the grave
Like a shadow closed
And ever-growing

Advertí que tu boca
Era la fosa de la muerte
Un espacio íntimo
E infinito

Tus ojos una última vez
Dejando que la luz entrase
O que algo pudiera escapar
Silencioso e invisible

Tu boca que olvidó
Y se convirtió en la tumba
Como una sombra creciente
Creciendo bajo llave

<u>In the dark</u>

In the dark-throated rattle of the night

In the mindless pain

In the tamped down hair

In the rolling eyes

In the gasps and days

She takes no consolation

Primeval loneliness

First and awful mother

Earth and night

Dusk has fallen
Right through the ground

To the women in whose
Ivy-clad realm I
Mayn't dwell

Piss of apples on the lawn
Birds of dusk—the robin
And the tit. There is nothing left

<u>En la oscuridad</u>

En el traqueteo de garganta oscura de la noche

En el dolor sin sentido

En los cabellos apisonados

En los ojos en blanco

En los jadeos y los días

Nada la consuela

Soledad primitiva

Primera y terrible madre

Tierra y noche

Ha caído el crepúsculo
A través de la tierra

A las mujeres en cuyo
Reino cubierto de hiedra
Yo no podré habitar

Orina de manzanas en el césped
Aves del crepúsculo —el petirrojo
Y el herrerillo. No queda nada

The Gardener came in and
Cleared the lot
So tired that I can not
Raise my head to see
          Who sings

Calling unseen between
          The trees

It would be Mother I
          would first call out

A church or island

Now rain is you

Did you know?

As you died

Indivisible insoluble death

El Jardinero vino y
Limpió el terreno
Estoy tan agotado, incapaz
De levantar la cabeza para ver
          Quién canta

Llamando invisible entre
          Los árboles

Sería Madre a quien yo
          llamaría primero

Una iglesia o isla

Ahora lluvia tu turno es

¿Lo sabías?

Al morir

Muerte indivisible insoluble

<u>Under the myrtles &</u>

Under the myrtles &
The yews—under the
Changeless yews
and bitter asphodel
Under the privet and the haw
Nothing out of which a tree has grown

—

After the moment of release
Immediate the fall of intimate opacity
Where blood like a word spent from the mouth
Her tongue was bloody as she died

Amidst the brown fir needles
And the new heaped soil
A whisper of a breeze that might disturb the field
A word we listened for as if a word held breath

—

I have somewhere in a
Sequence of vain chemistries
Knowing the ground of love to be
An absent mother in a winterhood of light

<u>Bajo los mirtos y</u>

Bajo los mirtos y
Los tejos solitarios —bajo los
Tejos inmóviles
y el asfódelo amargo
Bajo el aligustre y el espino
Nada de lo que haya crecido un árbol

—

Después del momento de liberación
Inmediata fue la caída de íntima opacidad
Donde la sangre como una palabra proferida y gastada
Mientras ella moría su lengua sangraba

En medio de las agujas del abeto castaño
Y la nueva tierra amontonada
Un susurro de brisa que podría perturbar el campo
Una palabra que esperábamos como si ella contuviese el aliento

—

Conservo en alguna parte de una
Secuencia de químicas vanas
El conocimiento de que el terreno del amor es
Una madre ausente en una inviernidad de luz

—

This room was a railway station this bed
Replaced the bed where John Keats died

When her teeth bit down on agony
It was not the bliss of satiety alone.

The world will fall untidily to earth
For what its worth the self will settle wholly on the flesh
Night will fit exactly into day
The make-up bag she brought was buried with her body

—

An invincible sadness since first light
Wanting to leave the earth for even one instant
to enter into a realm where the self cannot follow
the flat world turned hollow

A place at last the self cannot be found
Walked into the house and found
A doorless corridor now ran
Right through the middle of the house.

—

Esta habitación era una estación de tren esta cama
Reemplazó la cama donde John Keats murió

Cuando sus dientes mordieron la agonía
No fue sólo la dicha de la saciedad.

El mundo caerá desordenadamente a la tierra
Por lo que vale, el yo se asentará de lleno en la carne
Y la noche encajará perfectamente en la hora diurna
El estuche de maquillaje que trajo fue enterrado con su cuerpo

Una tristeza invencible desde la primera luz
Queriendo dejar la tierra, aunque sea por un instante
para entrar en un dominio donde el yo no pueda acompañar
el mundo plano se ha vuelto hueco

Un lugar donde por fin el yo no figura —
Llegado a casa, di con
Un corredor que ahora pasaba
Por la arteria principal de la casa.

There's a fucking monkey grin

A T.V. show

A human being

A letter unwritten and sent

A cheerio, a child in the next room

A window open for the view she cannot see

A wax doll and a crimson mouth

Dead mother with her toy

Hay una puta sonrisa de mono

Un programa de televisión

Un ser humano

Una carta no escrita y enviada

Un chocolate, un chico en la habitación contigua

Una ventana abierta para la vista que ella no puede ver

Una muñeca de cera y una boca carmesí

Madre muerta con su juguete

Up it flies to death and off it swims to death
And here the door opens to death
And in the air today the clear voice of a living death
Alone in groups of company the geese return

—

We went for lunch, for stroganoff
The day she struggled for one breath
I needed her to die
As I had booked my flight

I kept walking past people as your son
In mourning—with my head on backwards
Overgrown along the ground
Dressed in a rented suit

the green nerve-rooted trees
bits of church seen through the leaves
three men apart in black
depart across the lawn

Vuela alto hacia la muerte, nada hacia la muerte
Y aquí la puerta se abre hacia la muerte
Y en el aire hoy la clara voz de una muerte viva
Solos en grupos de compañía los gansos regresan

—

Fuimos a almorzar, stroganoff
El día en que ella luchaba para respirar
Y yo necesitaba que se muriera
Visto que ya había comprado un pasaje de avión

Seguí caminando entre gente como tu hijo
De luto (con la cabeza al revés)
Por encima del subsuelo de la vida
Vestido con un traje alquilado

árboles verdes de raíces nerviosas
fragmentos de iglesia a través de las hojas
tres hombres aparte de negro
parten a lo largo del césped

Those who come forth
          to cast dirt
                    Forever

Those self-elected
          out of love
                    and theatre

Those in whose silence
                    offer
                              her last word

a broken-throated pigeon in a yew
a song tuned to the Malverns without view

perhaps to see the room die instantly
perhaps to see her whole family die

Aquellos que dan un paso al frente
                          y arrojan tierra
                                    Para siempre

Los que se eligen solos
                por amor
                      y teatro

Aquellos en cuyo silencio
                    ofrecen
                          su última palabra

una paloma con la garganta partida sobre uno de los tejos
un canto vuelto hacia las Colinas invisibles de Malvern

tal vez para ver la habitación morir sin demora
tal vez para ver morir a toda su familia

—

Another garden
Under drought
a stream
run out of rain

End of terrace
End of evening

—

she died inside her mouth

I fed her little bird

Breathing thru the grate

—

Otro jardín
Bajo la sequía
un arroyo
su curso sin lluvia

Fin de las casas adosadas
Fin del ocaso

—

ella murió dentro de su boca

alimenté a su pequeño pájaro

Respirando a través de la puerta cancela

Milk all down her cheek

dredging for one breath

To mean a final thing

The desert of her mouth

The elms breathing the light

The leaves the lightest green

The blood leaving her face

The world leaving her mouth

Leche cubriéndole la mejilla

dragando por un único aliento

Significar una cosa final

El desierto de su boca

Los olmos respirando luz

Las hojas el verde más claro

La sangre abandonándole el rostro

El mundo abandonándole la boca

CODA

CODA

<u>L'una e L'altra</u>

And now the reflection of the dark house is as real
and permanent as the house itself. The moon in the
pond or say the shadow of the Statue. Apollo in his
golden pomp.

The matter of her will no longer matters.

> *Darling* I say, stepping out into the dark
> (knowing you are not there and cannot
> hear me)— *Darling how can we go on,*
> *staring at some great uncanny tree?*
>   A voice which comes back to me—
> *How can we go on, how can we go on?*
> *What great matter are we in all this*
> *darkness?*
>   And the voice again—*this darkness?*
>   And that icy shard will twist—so that I
> must stay outside—alone with my pint of
> wine—and with the hope that the wind
> in the pines distracts me from the moon's
> echoes—a psychomanteum.

L'una e L'altra

Y ahora el reflejo de la casa oscura es tan real
y permanente como la propia casa. La luna en el
estanque o, digamos, la sombra de la Estatua. Apolo en su
pompa dorada.

El asunto de su voluntad ya no importa más.

Querida, le digo, saliendo afuera, en plena oscuridad
(consciente de que no estás allí, incapaz de
oírme) —*Querida, ¿cómo podemos seguir,*
contemplando un gran árbol extraño?
Una voz que vuelve a mí —
¿Cómo podemos seguir, cómo podemos seguir?
¿Qué gran relevancia la nuestra dentro de toda esta
oscuridad?
Y de nuevo la voz —*¿esta oscuridad?*
Y ese trozo de hielo se retorcerá, de modo que
debo quedarme afuera, solo con mi litro de
vino, y con la esperanza de que el viento
entre los pinos me distraiga de los ecos de la
luna —un psicomanteo.

At her core there was either a cold rock, or a
creature terrified and hidden.

A moon blooms back at the sun—incandescent—
mordant—reclusive in the open.

A young woman trembling in her shoddy life. Her
mind a moon in retrograde.

*He is terribly conscious of daily life…his flight to
the moon is in sheer desperation.*

*He sees the absurdity of his situation reflected in the
moon's dispassionate gaze.*

*The moon is magnified at night…his anxieties…
both quite stubborn, both real…nothing to be done
with either.*

The way one lives, a pile of clothes and an
unanswered letter, company kept with the small-
minded and disillusioned. Whether light or sound,
whether the moon or the Robin. Those emotions I
am feeling, they are made of blood.

The moon then, her effect upon the internal and
external oceans.

Ella (en su centro más profundo) cargaba una roca fría, o una
criatura aterrorizada y escondida.

Una luna florece de nuevo al sol —incandescente
—mordiente —recluida en la intemperie.

Una mujer joven temblando en su vida de pacotilla. Su
mente una luna en retrogradación.

> *Él es terriblemente consciente de la vida cotidiana… su fuga a la*
> *luna es por pura desesperación.*
>
> *Ve lo absurdo de su situación reflejado en la*
> *pupila desapasionada de la luna.*
>
> *En la noche la luna se multiplica … sus ansiedades…*
> *ambos bastante obstinados, ambos reales… nada que hacer*
> *con ninguno de las dos.*

La manera como uno vive, montones de ropa y una
carta por responder, la compañía de mezquinos
y desilusionados. Ya sea la luz o el sonido,
la luna o el Petirrojo. Esas emociones que
siento, ellas están hechas de sangre.

Después de todo, la luna y su efecto sobre los océanos
internos y externos.

A lonely dream in a medieval dark.

*If death was the great fear, the eternal enemy, then
life was the great gift, the cherished possession…
but life was nothing, historically bestowed on
the ignorant and unworthy. And those making a
success of this little game, they were not marked by
a devotion to decency, or a signaled intelligence or
bravery.*

*And what death promised was an end to all the
ignoble and squalid concerns.*

*It was a matter of scale in which "I" marked the low
point—and the distant clouds indicated something
of the measure of the necessary escape—grand and
immortal seeming, natural and ignorant. Today the
clouds in dark coils seemed to hint at an inferno just
beyond the horizon, a lake of flame, a lava flow, an
approaching army clad in bronze and gold.*

Un sueño solitario en una oscuridad medieval.

*Si la muerte era el gran temor, el eterno enemigo, entonces
la vida era el gran obsequio, la preciada posesión …
pero la vida no era nada, históricamente concedida a
los ignorantes e indignos. Y los que triunfaron
en este pequeño juego no se caracterizaron por
una devoción a la decencia ni por una inteligencia notable o
valentía.*

*Y lo que la muerte prometía era el fin de todas las
preocupaciones innobles y miserables.*

*Se trataba de una cuestión de escala en la que "yo" marcaba el punto
inferior —y las nubes distantes indicaban algo
de la medida de la huida necesaria —simulacro
grandioso e inmortal, natural e ignorante. Hoy las
nubes en espirales oscuros parecían insinuar un infierno más
allá del horizonte, un lago de llamas, una corriente de lava, un
ejército que se aproximaba con uniforme de bronce y oro.*

All Life Is Otherness

There are books that suddenly impose themselves on the reader, books that grab you with the glimpse of something inexplicably beautiful, even when arcane, becoming a plural aesthetic event from the very first line. "Ouvrir ouvrir the nightingale"—four words, one verse and centuries, centuries of literature between voices, between languages, between prosodies. At the outset, a literary topos places us less in the poetry of Martin Corless-Smith than in the history of Western poetry. No one will deny its connotative meaning, immediate and at the same time multiple. For the nightingale implies representation and, at the same token, resonance within a far-reaching tradition. It suffices to re-call the one from which Corless-Smith emerged. Sidney, Shakespeare, Milton, Blake, T.S. Eliot—the Anglophone lyric has not and will not exhaust this melodious symbol. The author of this book knows it, em-phasizing the winged metaphor by placing it after the French "Ou-vrir" [to open]. In turn, this alludes to an *ouverture* [overture], that is, to a musical reference that functions here as an introduction, not to an instrumental piece, but to European lyrical expression. Little or nothing in the mood or gesture of this line by Corless-Smith reminds us of contemporary American poetry. And this perhaps was all it took to grab me. Martin—the person, the dialogue, the friendship—would come later.

In early June of 2017, planning a road trip around the United States with my mother and co-translator, I assembled a list of literary titles that would accompany us during the long road hours. We decided to travel the vast country in the company of texts that had some relation to the places we would visit or, at the very least, pass through. They

La vida toda es otredad

Existen libros que de forma súbita se imponen al lector, lo arrebatan como el destello de algo inexplicablemente bello, mismo si arcano, tornándose un acontecimiento estético plural desde su primera línea. "Ouvrir ouvrir el ruiseñor" —cuatro palabras, un verso y siglos, siglos de literatura entre voces, entre lenguas, entre prosodias. De entrada, un topos literario nos sitúa menos en la poesía de Martin Corless-Smith que en la historia de la poesía occidental. Nadie negará su acepción connotativa, inmediata y a su vez múltiple. El ruiseñor implica representación y, al mismo tiempo, resonancia dentro de una vasta tradición. Basta recordar aquella de la cual proviene Corless-Smith. Sidney, Shakespeare, Milton, Blake, T.S. Eliot —la lírica anglófona no ha agotado ni agotará ese símbolo melodioso. El autor de este libro lo sabe. Enfatizando la metáfora alada con su puesta inicial precedida del francés "Ouvrir" [abrir], el cual, a su vez, alude a una *ouverture* [obertura], es decir, a una referencia musical que funciona aquí de introducción no a una pieza instrumental sino a la expresión lírica europea. Poco o nada en el ambiente o el ademán de este verso de Corless-Smith nos recuerda a la poesía contemporánea norteamericana y esto tal vez me bastó. Martin —la persona, el diálogo, la amistad —llegaría después.

A inicios de junio de 2017, planeando un *road trip* alrededor de Estados Unidos en compañía de mi madre (y co-traductora), esbocé una lista de títulos literarios que nos acompañarían durante las largas horas de ruta. Nos propusimos recorrer el extenso país en compañía de textos que tuviesen alguna relación con los lugares que visitaríamos o, por lo menos, deberíamos atravesar. Ellos actuarían de guía y mapa sonoro,

were to act as a guide and a sound map, a prologue, sometimes a mere interlude. Mother would read from the text and I would follow silently from behind the wheel. *Bitter Green*, albeit sporadically, mentioned points in the Northwest and Midwest that were on our itinerary. It landed in our travel library, a suitcase comprised of a handful of fiction authors, mostly from the South, and a heterogeneous range of poets. Among the latter, I avoided those of greater renown, sticking to less frequented texts, a sort of back roads of the North American literary canon of the 20th century.

Our adventure began in Providence, Rhode Island, the smallest state in the U.S. We set out with Rosmarie Waldrop's *A Key Into the Language of America*, a reflection on the clash of indigenous and European cultures at the dawn of New England; we contoured the Blue Ridge Mountains and the Chesapeake Bay to Jamestown Fort (the first permanent English settlement in Colonial America) with Forrest Gander's poem-letter "To Virgina" included in *Torn Awake*; we arrived at Georgia's Andalusia Farm to find the peacocks of Flannery O' Connor's sardonic tales; we cruised Fayetteville, Arkansas, pale moon in the rearview mirror, in the vernacular of Frank Stanford's *Field Talk*; we headed for Oxford, Mississippi, with Faulkner and *The Sound and the Fury* (soon set aside because its stream of consciousness was incongruent with the flow of the road); we traversed the swamps and bayous of Louisiana in the voices from *One Big Self* by C. D. Wright; we rode Route 66, all the way to the Pacific, then up California State Route 1, until we set foot in Walla Walla wine country, where the combination of soils and climate creates a fine terroir for Merlot and where onions are eaten like apples. And with that grape and apple of apples we set east—down through Idaho, looking for "starlings [...] / Laughing their walks across the lawn" and "lavenders in pots

de prólogo, por momentos de mero interludio. Madre leería del original, yo seguiría en silencio desde el volante. *Bitter Green*, si bien de manera esporádica, mencionaba puntos del noroeste y medio oeste que se encontraban en nuestro itinerario. Acabó por entrar en la valija-biblioteca, la cual contaba con un puñado de autores de ficción, esencialmente del sur, y una gama heterogénea de poetas. Entre éstos últimos había evitado los de mayor renombre, ciñéndome a textos menos frecuentados, especie de carreteras traseras del Canon Literario Norteamericano del siglo XX.

Nuestra aventura comenzó en Providence, Rhode Island, el estado más pequeño de EE.UU. Salimos con *A Key Into the Language of America* de Rosmarie Waldrop, una reflexión sobre el choque de culturas indígenas y europeas en los albores de Nueva Inglaterra; contorneamos las Blue Ridge Mountains y el Chesapeake Bay hasta el Fuerte de Jamestown (primer asentamiento permanente inglés en el periodo colonial norteamericano) con el poema-carta "To Virgina" de Forrest Gander incluido en *Torn Awake*; llegamos a la Georgia de Andalusia Farm encontrando los pavos reales de los sardónicos relatos de Flannery O' Connor; circulamos por Fayetteville, Arkansas, con la pálida luna en el retrovisor, en la lengua vernácula de Frank Stanford de *Field Talk*; nos dirigimos hacia Oxford, Mississippi, junto a Faulkner y su *The Sound and the Fury* (rápidamente dejado a parte por su *stream of consciousness* ser incompatible con el flujo de la ruta); atravesamos una Luisiana de ciénagas y *bayous* junto a las voces de *One Big Self* de C.D. Wright; en cierto tramo tomamos la Ruta 66 hasta, hasta el Pacífico, subiendo por la Ruta Estatal 1 de California, hasta llegar a la zona vinícola de Walla Walla, donde la combinación de suelos y clima hace un buen terruño para el Merlot y las cebollas se comen como manzanas. Y con esa uva y manzana de manzanas nos dirigimos al este, ba-

/ […] variously dead or blossoming" (*Bitter Green*)—before reaching the endless Nebraska plains of Willa Cather in *My Ántonia*. There eventually came the coastline of the Great Lakes and greens—Ohio pastures, Pennsylvania forests, Amish country—eastward bound for the iron Babylon: New York City.

Forty-seven days, thirty-three states and 11,222 irreducible miles. A few weeks later I found myself at Torn Page, the historic Manhattan home of actors Rip Torn and Geraldine Page, now the last bastion of New York bohemia. It was there, without forewarning or premeditated plan, that I met Martin Corless-Smith. The English author was giving a reading that afternoon in early Fall 2017. Martin in the middle of the parlor, copy of *Bitter Green* clenched in hand, in his British accent, "Red is the colour of our birth and death—all life is otherness."

*

Bitter Green, a space of spaces—lyrical poems, predominantly brief and untitled on unnumbered pages. Scenes that move from England to the United States, from the coast of East Sussex to Ohio in the Midwest; from the Malvern Hills in the county of Worcestershire where, like other poets before him, Corless-Smith was born and grew up, then back to the Midwest, to Boise, Idaho, the author's permanent residence since the early 2000s. A non-linear collection of poems in which Corless-Smith does not limit his spaces to a geographic-temporal setting, even when he turns to the coordinates of his childhood. I quote a passage from our correspondence:

jando por un Idaho de "estorninos [...] /[que] se ríen al saltar sobre la hierba" y "lavandas en macetas / Diversamente muertas o en flor" (*Bitter Green*) —antes de cruzar las interminables llanuras de Nebraska de Willa Cather en *My Ántonia*. Al final llegó la costa de los Grandes Lagos y los verdes —las pasturas de Ohio, los bosques Pensilvania, la tierra de los Amish —hacia el este con destino a la Babilonia de hierro: Nueva York.

Cuarenta y siete días, treinta y tres estados y 11.222 millas irreductibles. Unas semanas más tarde me encontraba en Torn Page, la histórica casa de Manhattan de los actores Rip Torn y Geraldine Page, ahora el último bastión de la bohemia neoyorquina. Fue allí, sin previo aviso ni plan premeditado, donde conocí a Martin Corless-Smith. El autor inglés daba una lectura esa tarde de otoño de 2017. Martin en medio del salón, con un ejemplar de *Bitter Green* en la mano, en su acento inglés: "El rojo es el color de nuestro nacer, de nuestra muerte —la vida toda es otredad".

*

Bitter Green, espacio de espacios —poemas líricos, mayoritariamente breves y desprovistos de título, en páginas no numeradas. Escenas que transitan de Inglaterra a Estados Unidos, de la costa de East Sussex al Midwest en el estado de Ohio; de Malverns, esas colinas en el condado de Worcestershire donde, como otros poetas antes de él, Corless-Smith nació y creció, a Boise, Idaho, residencia permanente del autor desde inicios de siglo. Una colección de poemas no lineales en la cual Corless-Smith no limita sus espacios a un decorado geográfico-temporal, sobre todo cuando se encuentra en las coordenadas de su infancia. Cito un pasaje de nuestra correspondencia:

Worcestershire is a quiet rural backwater with a surprisingly strong poetic history. Not that I knew about it really when I was growing up! A. E. Houseman I knew. Everyone knows him. Worcestershire as well as Herefordshire are important in terms of Middle English lyrics, which have certainly exerted an influence on me. The earliest manuscripts such as the Harley Lyrics are from Leominster (Herefordhsire) and the first recorded lyric is now held in Worcester Cathedral. The Harley Lyrics1 were very important to me. And then, there's the 14th century vision/dream alliterative poem "Piers Plowman," written in Malvern, Worcestershire, one of the most important Middle English poems, making William Langland probably the most historically important poet from Worcestershire (or of Worcestershire).

Near the end of *Bitter Green,* we read a reference to this land of medieval English lyric: "a broken-throated pigeon in a yew / a song tuned to the Malverns without view." Throughout the book the lyric shifts from the countryside to the city, from references of the late Middle Ages to others of the early days of the Renaissance. The short poem "The Chiswick Garden" of London, for instance, with its cherry blossoms in April, is here evocative of the ripe cherries ("Cherry Ripe") of Thomas Campion (1567-1620) and of those in the eponymous song of Robert Herrick (1591-1674)—the latter, one of the most significant English poets in Corless-Smith's formative years.

In these pages, the vivid images are carriers of other texts, which may well go unnoticed like a host of the other subtle devices employed by Martin. A quick or inattentive reading, for example, could overlook, or even interpret as a spelling mistake, the use of Latin in

---

1 Usual name for a collection of lyric poetry written in Middle English, Anglo-Norman (Middle French), and/or Latin found in Harley (MS 2253), a manuscript dated ca. 1340 in the Harley collection of the British Library in London. The material is both religious and secular, in prose and verse and in a wide variety of genres. (Accessed online November 2022).

Worcestershire es un tranquilo remanso rural con una historia poética sorprendentemente fuerte. ¡No es que lo supiera realmente durante mi infancia! A A. E. Houseman lo conocía. Todo el mundo lo conoce. Tanto Worcestershire como Herefordshire son importantes en cuanto a la lírica del inglés medio, que sin duda ha ejercido una influencia sobre mí. Los primeros manuscritos, como las Harley Lyrics, proceden de Leominster (Herefordhsire) y la primera lírica documentada se conserva ahora en la catedral de Worcester. Las Harley Lyrics[1] fueron muy importantes para mí. Y luego está el poema visión/sueño aliterado del siglo XIV "Piers Plowman" [Pedro el labriego], escrito en Malvern, Worcestershire, uno de los poemas más importantes del inglés medio, lo que convierte a William Langland en el poeta históricamente más importante nacido en Worcestershire (o de Worcestershire).

Cerca del final de *Verde amargo* encontramos referencia a esta tierra de la lírica medieval inglesa: "una paloma con la garganta partida sobre uno de los tejos / un canto vuelto hacia las Colinas invisibles de Malvern". A lo largo del libro la lírica pasa del campo a la ciudad, de referencias de la Baja Edad Media a otras del inicio del Renacimiento. El corto poema "El jardín de Chiswick" de Londres, con sus flores de cerezo en abril, es aquí sitio evocador de las cerezas maduras ("Cherry Ripe") de Thomas Campion (1567-1620) y de aquéllas en la canción epónima de Robert Herrick (1591-1674) —éste último, uno de los poetas ingleses más significativos en la formación de Martin Corless-Smith.

En estas páginas las vivas imágenes son portadoras de otros textos, que bien pueden pasar desapercibidos como muchos otros de los su-

---

1 Nombre habitual de una colección de poesía lírica en inglés medio, anglonormando (francés medio) y latín que se encuentra en Harley (MS 2253), un manuscrito fechado hacia 1340 en la colección Harley de la Biblioteca Británica en Londres. El material es tanto religioso como profano, en prosa y en verso y en una amplia variedad de géneros. (Consultado en línea en noviembre de 2022).

the poem "Suddenly the SUN" (with the noun "Limon," unaccented), or the case of the poem "<u>A suite of Mirrors</u>," where "swan" is a verb (i.e., to swan about) and *clin d'œil* to the white long-necked bird and its figurative associations. Or even when Corless-Smith brings together literature, music and/or painting (his other craft), as in the poem "To infinitudes" where "craft" (boat) connotes art (read painting) and the adjective "distempered" describes not only some intemperate quality but a type of coloring used especially in the painting of theater scenes.

A lucid poet with an intricate style, translating Corless-Smith requires the discipline of reading and rereading, the assimilation of context and relationship and, one substantial trait of our work, constant collaboration, between ourselves as well as with Martin. His diction takes on different guises: allusion, double meanings, syntactic dislocation—as in the Latinized English phrasing at work in numerous poems (e.g., "When vice may move / before all reckoning my sense"). Milton and, to a lesser degree, Donne, turned to such procedure, both authors represented on the shelves of Martin's studio. This malleability with language makes it necessary to note the visual and sound dimensions conferred to the nuanced semantics embedded in his work. Consider the typology of neologisms such as "summermeadowshadow" ("sombreadopradodeverano"), a single verse poem formed with a compound noun, in a sort of Germanized English, with internal end-of-word rhyme (-dow > -ado in the translation); or the poem "<u>Suite of rain and light—London, August 2011</u>" where an outburst between violins and violence results in "violens," an expressive noun that we retained in our translation.

tiles recursos empleados por Martin. Una lectura rápida o desatenta, por ejemplo, podría pasar por alto, o hasta interpretar como error ortográfico, la utilización del latín en el poema "Súbitamente el SOL" (con el sustantivo "Limon", sin acento), o el caso del poema "Una suite de Espejos", donde "swan" es verbo [dar vueltas] y *clin d'œil* al pájaro blanco de cuello largo y sus asociaciones figurativas. O mismo cuando Corless-Smith aúna literatura, música y/o pintura (su otro oficio) —como en el poema "A las infinitudes" donde "craft" [barca] es también arte (léase pintura) y el adjetivo "distempered" describe no sólo alguna cualidad intemperada sino un tipo de coloración utilizada especialmente en la pintura de escenas de teatro.

Poeta lúcido, de estilo intricado, traducir a Corless-Smith requiere la disciplina de la lectura y relectura, asimilación de contexto y relación y, un rasgo sustancial de nuestro trabajo, la colaboración constante entre nosotors, así como con el propio Martin. El caudal de su dicción adopta diferentes formas: alusión, doble sentido dislocación sintáctica —como ese fraseado inglés latinizado que encontramos en numerosos poemas (p. ej., "Cuando el vicio pueda apartar / previo a todo cálculo mi sentido"). Milton y, en menor medida, Donne, recurrieron a este procedimiento —ambos autores representados en los estantes del estudio de Martin. Esta maleabilidad con el lenguaje obliga a advertir la dimensión visual y sonora conferidas a la matizada semántica presente en sus textos. Repárese la tipología de neologismos como "summermeadowshadow" [sombreadopradodeverano], poema de verso único formado por un sustantivo compuesto, en una especie de inglés germanizado, con rima interna de fin de palabras (-dow > -ado en la traducción); o el poema "Suite de lluvia y luz—Londres, agosto de 2011" donde un estallido entre violines y violencia resulta en "violens", vocablo expresivo que conservamos en nuestra traducción.

*

Few would disagree that sound patterns such as poetic rhythm, as well as phonic features inherent to the source language, represent one of the greatest challenges in the translation of poetry. This is even more accentuated when dealing with two languages with prosodies of a different nature such as English and Spanish. As Cole Swensen observes in her preface, Martin practices native English rhythms recovered by Blake and later English Romantic poets—rhythms that enjoyed a revival with the publication of *Reliques of Ancient English Poetry* in 1765, a three-volume anthology edited by Thomas Percy that includes a collection of 180 ballads and folk songs from the 14th to the 15th centuries. Throughout *Bitter Green* we encounter poems that are no strangers to this tradition; a tradition that regulates rhythm through accentual prominences and not the number of syllables or the position of the prominent syllables in the respective lines, as in the syllabic-accentual versification of Shakespeare's sonnets—to mention one illustrious example. Interestingly, it took English poets more than 300 years to master the art of syllable counting (between about 1200 and 1530), but for the next 400 years—from the Renaissance to the Victorian era—they composed about 90% of their poems in verse based on syllable counting, with iambic pentameter being the meter of choice.[2]

Each generation maintains or discards the predilections of the previous one, emulates or renews its aesthetic practices (Borges already said it). The domain of metrics is not exempt. Since the 19th century we know that the introduction and development of free verse has modified the treatment of metrical rhythmic regulation, which does not mean that

---

2 Robert Beum and Karl Shapiro, *A Prosody Handbook*, New York: Harper and Row, 1965, p. 33.

*

Pocos diferirán de que los patrones de sonido como el ritmo poético, así como características fónicas inherentes a la lengua de partida representan el mayor reto en el arte de la traducción de poesía. Escollo aún más acentuado cuando se trata de dos lenguas con prosodias de naturaleza diferente como el inglés y el español. Como observa Cole Swensen en su prefacio, Corless-Smith practica ritmos nativos ingleses recuperados por Blake y poetas románticos ingleses posteriores —ritmos que gozaron de un resurgimiento con la publicación de *Reliques of Ancient English Poetry* en 1765, una antología de tres volúmenes editada por Thomas Percy que incluye una colección de 180 baladas y canciones populares de los siglos XIV al XVII. A lo largo de *Bitter Green* damos con poemas que no son ajenos a esta tradición; tradición que regula el ritmo a través de prominencias acentuales en los versos y no el número de sílabas o la posición de las sílabas prominentes, como sucede en la versificación silábico-acentual de los sonetos de Shakespeare, por mencionar un ejemplo ilustre. Curiosamente, los poetas ingleses tardaron más de 300 años en dominar el arte de contar sílabas (entre aproximadamente 1200 y 1530), pero durante los siguientes 400 años —desde el Renacimiento hasta la época victoriana— compusieron aproximadamente el 90 % de sus poemas en versos basados en el recuento de sílabas, siendo el pentámetro yámbico el metro predilecto.[2]

Cada generación mantiene o desecha las predilecciones de la anterior, emula o renueva sus prácticas estéticas (ya lo dijo Borges). El dominio de la métrica no queda exento. Desde mediados del siglo XIX sabemos que la introducción y desarrollo del verso libre ha modificado el

---

2 Robert Beum y Karl Shapiro, *A Prosody Handbook*, New York: Harper and Row, 1965, p. 33.

all contemporary poetry is unaware of or consciously ignores its roots. Let us turn, for example, to the short poem "Slight as the ash tree bough," which could well be the opening quatrain of an English song from another time. Three are the accentual prominences that regulate the rhythm of its four verses, independently of the number of syllables that compose it and the position of its prominent syllables. It's worth asking ourselves, in the face of its translation at least, how to replicate its rhythmic modulation. Within the Spanish metrical tradition, we decided to adopt a suitable meter, rhythmically and historically. Thus, we opted for the *eneasyllable* (verse design of nine metrical syllables), present in the popular songs of the Spanish language during the 15th century, later explored during Romanticism and Modernism. In order to reproduce the three prominences of the original English version (a characteristic that we prioritized), we translated with the most frequent and natural design of the eneasyllables of our prosody, that is, the one that is obligatorily accented on the second and fifth metrical syllables, as well as on the eighth:

Slight as the ash tree bough	Ligero cual rama del fresno
Twelve of them in the chill	Son doce chillando en el frío
Glint quite still and white	Destello en quietud y blancura
Then black against the snow	Oscuro después en la nieve

The musical challenge in translating poetry from any Germanic language into any of the Romance languages is not unrelated to the lexical DNA of the respective languages. English, constituted by a high number of atonic and tonic monosyllables,[3] is in opposite proportion to Spanish—a language whose prosodic words such as nouns, verbs

---

3 78.2% of the total English lexicon is composed of monosyllables (Nila Friedberg, *English Rhythms in Russian Verse: on the experiment of Joseph Brodsky*, Berlin/Boston, Walter de Gruyter, 2011, p. 11).

trato de la regulación rítmica métrica, lo que no significa que toda la poesía contemporánea desconozca o ignore sus raíces. Detengámonos, por ejemplo, en el breve poema "Slight as the ash tree bough" que bien podría ser el cuarteto inicial de una canción inglesa de otro tiempo. Tres son las prominencias acentuales que regulan el ritmo de sus cuatro versos, independientemente del número de sílabas que lo componen y de la posición de sus sílabas prominentes. Cabe interrogarnos, al menos ante su traducción, cómo replicar su modulación rítmica. Dentro de la tradición métrica española resolvimos adoptar un metro apto, rítmica e históricamente. Así optamos por el eneasílabo, presente en las canciones populares del idioma español durante el siglo XV, explorado posteriormente durante el Romanticismo y el Modernismo. A fin de reproducir las tres prominencias de la versión original en inglés (característica que aquí priorizamos), tradujimos con el diseño más frecuente y natural de los eneasílabos de nuestra prosodia, esto es, aquél acentuado obligatoriamente en la segunda y quinta sílaba métrica, además de en la octava:

<u>Slight</u> as the <u>ash</u> tree <u>bough</u>	Li**ge**ro cual **ra**ma del **fres**no
<u>Twelve</u> of <u>them</u> in the <u>chill</u>	Son **do**ce chi**llan**do en el **frí**o
<u>Glint</u> quite <u>still</u> and <u>white</u>	Des**te**llo en **quie**tud y blan**cu**ra
Then <u>black</u> a**gainst** the <u>snow</u>	Os**cu**ro des**pués** en la **nie**ve

El desafío musical en la traducción de poesía de cualquier lengua germánica a cualquiera de las lenguas romances no es ajeno al ADN del léxico de los respectivos idiomas. El inglés, constituido por un elevado número de monosílabos átonos y tónicos,[3] se encuentra en proporción opuesta al español —idioma cuyas palabras prosódicas como sustanti-

---

3 El 78.2 % del léxico total inglés está compuesto por monosílabos (Nila Friedberg, *English Rhythms in Russian Verse: on the experiment of Joseph Brodsky*, Berlin/Boston, Walter de Gruyter, 2011, p. 11).

and adjectives are generally longer, that is, longer than one syllable. This reality offers the poet the opportunity for expression that corresponds or stands against this proportion. This phenomenon occurs, noticeably, in one of *Bitter Green*'s poems built with prosodic words of one and two syllables: "A living form why grieve / As if usurped by death / Until the furthest edge leaves / One thin task left." Closing with a verse constructed solely of monosyllables, Corless-Smith exaggerates the natural proportion of English, thus enhancing the conclusive tone of the poem. Now, how to account for such phonic rhythm achieved through lexical choice? We could look, with no less difficulty, for words of the same size, but such a decision would inexorably lead us away from the denotative sense. The rich metrical tradition of Spanish poetry offers a repertoire of meters and historical combinations capable of capturing this formal feature that, in our reading, forges the semantics of the text in question. In our translation, maintaining the speed of the enjambment of the original where the syntax of one line goes into the next, we chose a mixed stanza comprised of three consecutive *hendecasyllables* (verse of higher art) and a final *heptasyllable* (verse of lower art):[4]

> Un ser vivo por qué hacer el luto
> Como si la muerte lo arrebatase
> Hasta que el borde más lejano deje
> Una tenue tarea

In conjunction with this decision, in order to accentuate the staccato rhythm of the final monosyllabic verse, with each word or sound clearly separated, we resorted to alliteration.

---

4 While the former is a verse design made of eleven metrical syllables, the latter is made of seven.

vos, verbos y adjetivos son generalmente más largas, es decir, mayores a una sílaba. Esta realidad otorga al poeta la oportunidad de expresarse en dirección o en contra de dicha proporción. Este fenómeno ocurre, notoriamente, en uno de los poemas de *Bitter Green* constituido por palabras prosódicas de una y dos sílabas: "A living form why grieve / As if usurped by death / Until the furthest edge leaves / One thin task left." Cerrando con un verso construido únicamente de monosílabos, Corless-Smith exagera la proporción natural del inglés, realzando así el tono conclusivo del texto. Ahora bien, ¿cómo dar cuenta de este aspecto sonoro logrado a través del lexical? Podríamos buscar, no con menor dificultad, palabras del mismo tamaño, pero tal decisión nos alejaría inexorablemente del sentido denotativo. La rica tradición métrica de la poesía en español nos ofrece un repertorio de metros y combinaciones históricas capaces de captar este rasgo formal que, en nuestra lectura, forja la semántica del texto en cuestión. En nuestra traducción, manteniendo la velocidad del encabalgamiento del original, optamos por una estrofa mixta —tres endecasílabos consecutivos (verso de arte mayor) y un heptasílabo (verso de arte menor) final:[4]

> Un ser vivo por qué hacer el luto
> Como si la muerte lo arrebatase
> Hasta que el borde más lejano deje
> Una tenue tarea

Conjuntamente con esta desición, con objeto de acentuar el ritmo *staccato* del verso monosilábico final, con cada palabra o sonido claramente separado, recurrimos a una aliteración.

---

4 Mientras que el primero es un diseño de verso formado por once sílabas métricas, el segundo está formado por siete.

The craft of literary translation invites us to a dialectical exercise—historic-literary, linguistic-cultural, and interpersonal. At the same time, it stimulates the discovery of something prior and distant, and, thus, offers the possibility of deferring and suspending automatizations or habits established in our daily (read natural) relationship with language. It's an invitation to fruition, and not solely literary.

We are currently aware of the existence of more than 7,100 languages in the world. Each one of them unique, unrepeatable.[5] Given this reality, I have no difficulty in affirming—particularly for those of us whose work stems from the love of words and their magic—that monolingualism (essentially in the English-speaking world) is one of the epidemics of our century. One language is not enough—as our ancestors have known—simply because one is not enough. The French say *se dépayser* (meaning in English *to uncountry oneself*)—to change country, scene or mere routine. But also, to change language. (Pessoa understood this, long before his heteronymic outburst). Leaving the native enclosure, crossing the daily sidewalk of the mind—to arrive at the word of another's world, to dwell in the voice and murmur of another—in a new repertoire of rhythms, images and metaphors. Like the traveler who, having set out on a journey, will not have their experiences extinguished upon the swiftness of the return, literature is a lasting occasion of otherness. Made all the greater when encountered directly in its original language, especially through poetry, which more than any other genre can dispense with narrative logic. Walter Pater said, "All art constantly aspires towards the con-

---

5 Number in permanent flux. Forty percent of languages are endangered, in many cases with fewer than 1,000 speakers each. ("Ethnologue, Languages of the World." Website accessed November 7th, 2022).

El arte de la traducción literaria no invita a un ejercicio dialéctico —histórico-literario, lingüístico-cultural y de índole interpersonal. A su vez, nos estimula a descubrir algo anterior y lejano, y, por ende, a la posibilidad de diferir y suspender automatizaciones o mañas instauradas en nuestra relación cotidiana (léase natural) con el lenguaje. Es un convite a la fruición y no sólo literaria.

En la actualidad tenemos conocimiento de la existencia de más de 7,100 lenguas en el mundo.[5] Cada una de ellas única, irrepetible. Ante tal realidad no me cuesta afirmar —sobre todo para aquellos cuyo trabajo nace del amor por las palabras y su magia— que el monolingüismo (léase esencialmente en el mundo anglófono) es una de las epidemias de nuestro siglo. Una lengua no basta —lo han sabido nuestros ancestros —simplemente porque uno no se basta. Los franceses dicen *se dépayser* (en castellano vendría a ser *despaisarse*) —cambiar de país, escenario o, simplemente, de rutina. Pero también de lengua. (Lo entendió Pessoa, mucho antes de su eclosión heteronímica). Salir del recinto nativo, cruzar la vereda diaria de la mente —demorándose uno en el mundo del otro, en la voz y el murmullo del otro —en ese nuevo repertorio de ritmos, imágenes y metáforas. Como el viajero que, tras haber emprendido camino, no extinguirá sus vivencias en la presteza del regreso, la literatura es ocasión duradera de otredad. Aun más cuando la experimentamos directamente en su lengua de origen, sobre todo en poesía la cual más que cualquier otro género puede prescindir de la lógica narrativa. Walter Pater dijo que "todo

---

5 Número en flujo permanente. El 40 % de lenguas se encuentran en peligro de extinción, en muchos de los casos con menos de 1000 hablantes cada una. ("Ethnologue, Languages of the World." Sitio web consultado el 7 de noviembre de 2022).

dition of music."[6] The art and craft of poetry translation are not excluded. Without forgetting that every literary translator is the bearer of their own Ithaca—*othering oneself* might just be the main objective.

— Patricio Ferrari
New York City, November 2022

---

6 Walter Pater, "The School of Giorgione," *The Renaissance. Studies in Art and Poetry*, London, Macmillan and Co., 1915 [1st ed. 1873], p. 140). In italics in the original. The essay on the school of Giorgione, first published in *The Fortnightly Review* in 1877, was included in 1888, from the third edition onwards.

arte aspira constantemente a la condición de la música".[6] El arte y el oficio de la traducción de poesía no están excluidos. Sin olvidarnos que todo traductor literario es portador de su propia Ítaca —*otrarse* quizás sea el principal objetivo.

— Patricio Ferrari
Nueva York, noviembre de 2022

---

6 "All art constantly aspires towards the condition of music." (Walter Pater, "The School of Giorgione," *The Renaissance. Studies in Art and Poetry*, London, Macmillan and Co., 1915 [1ª ed. de 1873], p. 140). En itálico en el original. El ensayo sobre la escuela de Giorgione, publicado por primera vez en la revista *The Fortnightly Review* en 1877, fue incluido recién en la tercera edición en 1888.

About the Author

Martin Corless-Smith is a poet, literary translator, essayist and painter. He was born and raised in Worcestershire (West Midlands), England. He studied painting at the University of Reading before travelling to the United States in 1989 where he continued his visual studies and received an MFA in Art from Southern Methodist University in Dallas. In 1993 he formally began his literary studies, obtaining an MFA in Poetry from the University of Iowa and a PhD in Creative Writing & English Literature from the University of Utah. Author of numerous titles, his most recent books of poetry include *Bitter Green* (Fence Books, 2015), *The Fool & The Bee* (Shearsman Books, 2019), *The Melancholy of Anatomy* (Shearsman Books, 2021), and *The Ongoing Mystery of the Disappearing Self* (SplitLevel Texts, 2021). His translations include *Odious Horizons: Some Versions of Horace* (Miami University Press, 2019). He is also the author of a novel, *This Fatal Looking Glass* (SplitLevel Texts, 2015) and a collection of essays, *The Poet's Tomb* (Parlor Press, 2020). He teaches Creative Writing at Boise University where he founded the Free Poetry imprint, publishing chapbooks since 2006 and books beginning in 2020. For more than two decades he has resided in Boise, Idaho. *Bitter Green* is his first book translated into Spanish.

Sobre el autor

Martin Corless-Smith es poeta, traductor literario, ensayista y pintor. Nació y se crió en Worcestershire (West Midlands), Inglaterra. Estudió pintura en la University of Reading antes de viajar a los Estados Unidos en 1989 donde continuó sus estudios plásticos recibiendo un Master of Fine Arts en Arte de la Southern Methodist University de Dallas, Texas. A partir de 1993 comenzó formalmente sus estudios literarios recibiendo un MFA en Poesía de la University of Iowa y un Doctorado en Escritura Creativa & Literatura Inglesa de la University of Utah. Autor de numerosos títulos, sus libros de poesía más recientes incluyen *Bitter Green* [Verde amargo] (Fence Books, 2015), *The Fool & The Bee* [El bobo y la abeja] (Shearsman Books, 2019), *The Melancholy of Anatomy* [La melancolía de la anatomía] (Shearsman Books, 2021) y *The Ongoing Mystery of the Disappearing Self* [El misterio continuo del yo que desaparece] (SplitLevel Texts, 2021). Entre sus traducciones se destaca *Odious Horizons: Some Versions of Horace* [Horizontes odiosos: algunas versiones de Horacio] (Miami University Press, 2019). Es también autor de la novela *This Fatal Looking Glass* [Este espejo fatal] (SplitLevel Texts, 2015) y de la colección de ensayos *The Poet's Tomb* [La tumba del poeta] (Parlor Press, 2020). Es profesor de Escritura Creativa en Boise University donde fundó el sello Free Poetry, publicando folletos de tamaño de bolsillo desde 2006 y libros a partir de 2020. Desde hace más de dos décadas reside en Boise, Idaho, en el noroeste de los Estados Unidos. *Bitter Green* es su primer libro traducido al español.

About the Translators

Patricio Ferrari is a polyglot poet, translator, and literary editor. Born in Merlo, West of Buenos Aires, he left Argentina at age 16 to attend high school and play soccer in the United States as part of the Rotary Exchange Program. He received an MA in Comparative Literature from Université Sorbonne Nouvelle, an MFA in Poetry from Brown University, and a PhD in Linguistics from Universidade de Lisboa with a dissertation on the prosody of Fernando Pessoa's trilingual poetry. As a translator and literary editor, he has published nearly 20 books, including *Inside the Mask: the English Poetry of Fernando Pessoa* (Gávea-Brown, 2018), *The Galloping Hour: French Poems* by Alejandra Pizarnik (with Forrest Gander; New Directions, 2018), and *The Complete Works of Alberto Caeiro* (with Margaret Jull Costa; New Directions, 2020). His work has appeared in *The New Yorker, The Paris Review, The Southwest Review, The Brooklyn Rail, Fence, Perfil, Buenos Aires Poetry,* and *Words Without Borders,* among others. His forthcoming translations include *The Complete Works of Álvaro de Campos* (with Jull Costa; New Directions, 2023). Since 2017 he has resided in New York City, where he is currently working on "Elsehere," a trilogy of multilingual poetry.

Sobre los traductores

Patricio Ferrari es poeta políglota, traductor y editor literario. Nacido en Merlo, al oeste de Buenos Aires, salió de Argentina a los 16 años para asistir a la escuela secundaria y jugar al fútbol en los Estados Unidos como parte del Programa de Intercambio Rotario. Recibió una Maestría en Literatura Comparada de la Université Sorbonne Nouvelle, un MFA en Poesía de la Brown University y un Doctorado en Lingüística de la Universidade de Lisboa con una disertación sobre la prosodia de la poesía trilingüe de Fernando Pessoa. Como traductor y editor literario ha publicado cerca de 20 libros, entre los cuales *Inside the Mask: the English Poetry of Fernando Pessoa* (Gávea-Brown, 2018), *The Galloping Hour: French Poems* by Alejandra Pizarnik (con Forrest Gander; New Directions, 2018) y *The Complete Works of Alberto Caeiro* (con Margaret Jull Costa; New Directions, 2020). Su trabajo ha aparecido en *The New Yorker, The Paris Review, The Southwest Review, The Brooklyn Rail, Fence, Perfil, Buenos Aires Poetry* y *Words Without Borders*, entre otros. Entre sus próximas traducciones se encuentra *The Complete Works of Álvaro de Campos* (con Jull Costa; New Directions, 2023). Desde 2017 reside en la ciudad de Nueva York, donde actualmente está trabajando en "Elsehere" [En otro aquí], una trilogía de poesía multilingüe.

Graciela S. Guglielmone is an educator, translator, and founder of San Patricio Language Institute (Est. 1971) in Merlo, Argentina, where she is currently director emerita. In the 1990s, she was a visiting professor at Dallas College-North Lake Campus (Irving, Texas) and president of the Rotary Club of Merlo Norte, becoming the second woman Rotarian in the country. Alongside her activities at San Patricio, Guglielmone regularly collaborates on literary translations with her son, Patricio Ferrari, with whom she has translated several contemporary anglophone poets such as Lee Ann Brown, Greg Brownderville, Laynie Browne, Forrest Gander, Vijay Seshadri, Frank Stanford, and Cole Swensen. She has also translated "Language Matters with Bob Holman" (2015), a documentary narrated by American poet Bob Holman on the importance of preserving languages in the modern era. She has published her translations from English in newspapers and literary magazines in Latin America (*Perfil, Buenos Aires Poetry, Arcadia*) and North America (*The Southwest Review, nexos, diSONARE*). Her next book in translation is *Habla terreña* by U.S. Southern poet Frank Stanford (with Ferrari; Pre-Textos, 2023). Guglielmone lives in Merlo, in the outskirts of Buenos Aires.

Graciela S. Guglielmone es educadora, traductora y fundadora del San Patricio Language Institute (Est. 1971) en Merlo (Argentina), donde actualmente es directora emérita. En la década de 1990, fue profesora invitada en el Dallas College—North Lake Campus (Irving, Texas) y presidenta del Club Rotario de Merlo Norte, convirtiéndose en la segunda mujer rotaria del país. Paralelamente a sus actividades en San Patricio, Guglielmone colabora regularmente en traducciones literarias con su hijo, Patricio Ferrari, con quien ha traducido diversos poetas anglófonos contemporáneos tales como Lee Ann Brown, Greg Brownderville, Laynie Browne, Forrest Gander, Vijay Seshadri, Frank Stanford y Cole Swensen. También ha traducido "Language Matters with Bob Holman" [El idioma importa con Bob Holman] (2015), un documental narrado por el poeta estadounidense Bob Holman sobre la importancia de preservar las lenguas en la era moderna. Ha publicado sus traducciones del inglés en periódicos y revistas literarias nacionales (*Perfil, Buenos Aires Poetry*) y extranjeras (*The Southwest Review, nexos, diSONARE, Arcadia*). Su próximo libro en traducción es *Habla terreña* de Frank Stanford, poeta oriundo del sur de los Estados Unidos (con Ferrari; Pre-Textos, 2023). Guglielmone vive en Merlo, en las afueras de Buenos Aires.

Translators' Acknowledgements

This book would not be possible without the support, work and friendship of many people who, in one way or another, collaborated in its different phases. We are deeply grateful to all of you:

~ To Martin Corless-Smith for accepting our offer to translate his first book into Spanish, as well as for his active dialogue with us throughout the translation process.

~ To Rebecca Wolf, for allowing us to reproduce the original text published by her press, Fence Books, in the United States in December 2015, as well as to its editors Emily Wallis Hughes and Jason Zuzga for their willingness to help promote this book.

~ To Juan Arabia, founder and director of the cultural project Buenos Aires Poetry, for welcoming our proposal and rendering it possible with enthusiasm and professionalism.

~ To Camila Evia at Buenos Aires Poetry for her rigorous work in the design and complete production of the book.

~ To Cole Swensen for the enlightening pages written at our request, which serve as a preface to this bilingual publication.

~ To Cristina Piña for her careful reading of the entire manuscript in Spanish, offering valuable comments and translation suggestions.

Agradecimientos de los traductores

Este libro no sería posible sin el apoyo, el trabajo y la amistad de muchas personas que, de una forma u otra, han colaborado en sus diferentes fases. Estamos profundamente agradecidos a todos ustedes:

~ A Martin Corless-Smith por habernos confiado la traducción de su primer libro al español, así como por su activo diálogo con nosotros a lo largo del proceso.

~ A Rebecca Wolf, por permitirnos la reproducción del texto original publicado por su sello, Fence Books, en Estados Unidos en diciembre de 2015, así como a sus editores Emily Wallis Hughes y Jason Zuzga por su disponibilidad en la difusión de este libro.

~ A Juan Arabia, fundador y director del proyecto cultural Buenos Aires Poetry, por haber acogido nuestra propuesta, concretándola con entusiasmo y profesionalismo.

~ Una palabra de agradecimiento para Camila Evia por su riguroso trabajo en el diseño y producción del libro.

~ A Cole Swensen por las esclarecedoras páginas escritas a pedido nuestro y que sirven de prefacio a esta publicación bilingüe.

~ A Cristina Piña por su atenta lectura de la totalidad del manuscrito en castellano, ofreciéndonos valiosos comentarios y sugerencias de traducción.

~ To León García Jordán for his generous remarks on different parts of the Spanish manuscript.

~ To Jennifer Keller for her final reading of the afterword in the English version, providing valuable insight.

~ To Susan Margaret Brown and Rufus Griscom for their suggestions in the English version of the afterword and to Patricia Moring for those suggested in the Spanish version of the preface.

~ To Monroe Lawrence through whom we heard of the existence of *Bitter Green.*

~ To Tony Torn and Lee Ann Brown for being such loving hosts at Torn Page in the heart of Chelsea where live poetry and theater continue to thrive.

~ To Néstor Carlos Correa for his unconditional support.

~ To the San Patricio Language Institute team, in particular Paola Miranda and Cintia Pozzetti, for their enthusiastic efforts in promoting this book among our students.

~ To the Mariano Moreno National Library for opening their doors at the Sala Jorge Luis Borges for the book launch on December 15th, 2022.

~ A León García Jordán por sus generosas indicaciones en diferentes partes del manuscrito en castellano.

~ A Jennifer Keller por su lectura final del epílogo en la versión inglesa, aportando valiosas observaciones.

~ A Susan Margaret Brown y Rufus Griscom por indicaciones en el epílogo en inglés y a Patricia Moring por aquellas sugeridas para la versión en castellano del prefacio.

~ A Monroe Lawrence a través de quien oímos hablar de la existencia de *Bitter Green*.

~ A Tony Torn y Lee Ann Brown por ser unos anfitriones tan cariñosos en Torn Page, en el corazón de Chelsea, donde la poesía en vivo y el teatro siguen prosperando.

~ A Néstor Carlos Correa por su acompañamiento incondicional.

~ Al equipo de San Patricio Language Institute, en particular Paola Miranda y Cintia Pozzetti, por su gran esfuerzo en la difusión de este libro entre nuestros alumnos.

~ A la Biblioteca Nacional Mariano Moreno por abrirnos sus puertas de la Sala Jorge Luis Borges para el lanzamiento del libro el 15 de diciembre de 2022.

~ To the editors of the magazines that published the following texts in translation, in some cases in a different version:

"London," "The Chiswick Garden," "Rye Harbour," and "Ombersley." *diSONARE*, Lucia Hinojosa Gaxiola and Diego Gerard eds, Mexico City, n. 09, 2022.

"Nothing has Transcended Death." *Perfil*, Juan Arabia ed., Buenos Aires, September 26th, 2021.

"What was lost," "Glow! Laud glorious –," "If I might make a start," "A mouthful of earth," "The Death of Venus." *Buenos Aires Poetry*, Juan Arabia ed., Buenos Aires, April 19th, 2020.

"Ouvrir ouvrir the nightingale," "a pig brought in to slaughter," "All summer long." *Arcadia*, Sara Malagón Llano ed., Bogotá, February 4, 2020.

~ A los editores de las revistas que publicaron los siguientes textos en traducción, en algunos casos en una versión diferente:

"London", "The Chiswick Garden", "Rye Harbour" y "Ombersley". di*SONARE*, Lucía Hinojosa Gaxiola y Diego Gerard eds., Ciudad de México, n. 09, 2022.

"Nothing has Transcended Death." *Perfil*, Juan Arabia ed., Buenos Aires, 26 de septiembre 2021.

"What was lost", "Glow! Laud glorious —", "If I might make a start", "A mouthful of earth", "The Death of Venus". *Buenos Aires Poetry*, Juan Arabia ed., Buenos Aires, 19 de abril 2020.

"Ouvrir ouvrir the nightingale", "a pig brought in to slaughter", "All summer long". *Arcadia*, Sara Malagón Llano ed., Bogotá, 4 de febrero 2020.

Diciembre, 2022
Impreso en Buenos Aires,

December, 2022
Printed in Buenos Aires,

Buenos Aires Poetry
www.buenosairespoetry.com